D0916756

C'était le printemps

Jean Provencher a déjà publié:

Canada-Québec, Synthèse historique (1968) (en collaboration)
Québec sous la Loi des Mesures de guerre, 1918 (1971)
René Lévesque, portrait d'un Québécois (1973)
La grande peur d'octobre '70 (1974)
Québec, printemps 1918 (1974) (en collaboration)

Jean Provencher
Johanne Blanchet

C'était le printemps

La vie rurale traditionnelle dans la vallée du Saint-Laurent

Éditions du Boréal Express

Case postale 418, Station Youville, Montréal

ISBN 2-89052-019-6

Dépôt légal: 4e trimestre 1980
Bibliothèque nationale du Québec

Aucun être vivant ne peut prendre naissance en dehors de la continuité du plasma de ses ancêtres.

Frère Marie-Victorin

La succession rythmée du jour et de la nuit, le retour sans cesse réitéré des saisons sont des expériences humaines de type cosmologique dans lesquelles le temps est cyclique. En tenir compte n'entraîne pas une évasion hors de l'Histoire, mais une ouverture vers une admirable transcendance, tout à fait palpable, qui rend possible la communication avec la nature, les animaux, les plantes.

Mircea Eliade

Tous les événements mythisés comme l'été, l'hiver, le changement de lune, la saison des pluies, etc., sont bien plus des expressions symboliques du drame intérieur inconscient de l'âme qui, par la voie de la projection, c'est-à-dire reflété dans les phénomènes naturels, peuvent être saisies par la conscience humaine.

Carl Gustav Jung

Préface

En parcourant ces pages de Jean Provencher et Johanne Blanchet, à travers la transparence de leur style sobre, accordé à la simplicité des choses et des coutumes qu'ils décrivent, on renoue avec la vie traditionnelle d'un Québec d'avant le monde industriel. On reprend le souffle, le rythme et l'harmonie d'une société paysanne, reposant sur la tradition orale pour perpétuer sa culture, et on la capte au faîte même de son adéquation au milieu ambiant: climat, ressources naturelles, petits métiers reliés au genre de vie du terroir, modes de transport et façons culturales. Tout s'intègre en une harmonieuse symbiose.

Ce printemps d'autrefois résonne très profondément en chacun de nous: ce sont nos racines mises à nu. Et chaque page, chaque détail nous rappelle en le précisant tel ou tel geste, telle ou telle parole de sagesse populaire hérités de ce monde révolu et que nous avons vu faire ou entendu dire par nos parents ou nos grands-parents. Car les éléments de culture se conservent au-delà de la rupture d'un équilibre social et, que nous le voulions ou non, nous sommes tout autant pétris de ce levain traditionnel d'hier que de la farine trop blutée et trop blanchie du pain quotidien de notre société industrielle et urbaine.

En ce sens, il n'est pas fortuit que les auteurs aient ressenti la nécessité de ce livre. Un vent violent balaie le Québec... comme toute la Noramérique et l'Europe d'ailleurs... depuis une couple de décennies ou plus, selon le cas: celui de la culture dite « de masse » ou « de consommation » qui supplante et nivelle les cultures populaires et les particularismes régionaux. Ce vent venu d'ailleurs, venu du sud, a déjà achevé de désarticuler l'équilibre socio-culturel de jadis au Québec. De ruraux nous sommes devenus urbains, de la tradition orale et de la sagesse paysanne nous sommes passés très vite à la technocratie, à l'État providence, à la consommation de masse et au mode de vie uniformément noraméricain. Non qu'il faille ici se tourner vers le passé comme vers un refuge nostalgique pour élite en mal de définition ou encore vers un folklorisme à rabais comme palliatif aux carences ressenties.

Tel n'est pas, ce me semble, leur propos. La recherche historique, géographique et ethnographique soignée dont ils étaient les courts tableaux de cette vie du passé qui n'est plus qu'écho dans nos mémoires ne vise pas cet impossible et utopique retour en arrière. Ils savaient simplement que ces lignes légères et évocatrices où l'on ne sent jamais le canevas de la recherche, ces lignes qui semblent sans effort et sans artifice peuvent provoquer comme une résonnance, un appel vers de nouveaux symboles, vers un nouvel équilibre culturel qui soit fidèle bien au-delà de la lettre à l'esprit de nos racines profondes.

D'aucuns se prendront à regretter justement la brièveté de ces petits tableaux d'une saison. À ceux-là, il faut faire remarquer que c'est peut-être justement en se refusant à la dissertation docte, à l'érudition savante, aux longueurs et aux lourdeurs académiques que les auteurs effectuent la meilleure synthèse possible entre l'art d'écrire et le métier d'historien. Précis et complet, chaque petit tableau n'en laisse pas moins le lecteur sur sa faim, l'esprit en alerte; il lui faudra donc une démarche personnelle pour aller au-delà, et cet au-delà dans la connaissance ne se couche plus en mots alignés sur papier, il s'inscrit dans le vécu et le ressenti. Il n'y a que deux possibilités: revivre intégralement et nostalgiquement ce passé, au rebours du temps et à l'encontre de la réalité, ou alors innover à la recherche d'un nouvel équilibre qui réorganise le matériau du passé en l'intégrant à l'architecture du quotidien. Le message est sans équivoque.

On se prend à souhaiter que cette quadrilogie soit menée à terme avec les trois autres saisons de l'année et que ces livres de lecture agréable et accessible à tous soient largement diffusés et donnent à penser à plusieurs. Sans prétendre à la sensibilité des antennes du poète, qui peut ignorer qu'il faut partout dans le monde, à toutes nos collectivités, de nouvelles racines bien drues, plus profondes que le terreau synthétique où poussent les sociétés de cette fin de vingtième siècle? Qui peut nier l'urgence d'un regard lucide sur le gaspillage de masse et d'une prise de conscience du coup de barre inéluctable pour atteindre un équilibre écologique respectueux des ressources naturelles qu'on voit désormais épuisables et destructibles? Plus spécifiquement, quel Québécois ou Québécoise peut s'empêcher de ressentir au fond de soi la nécessité de « mettre l'imagination au pouvoir », afin d'effectuer une synthèse culturelle et originale, c'est-à-dire adaptée à ce que nous sommes et à ce que nous pouvons être? Qu'il ne s'agit pas de survivre, ce qui n'est qu'une forme anémiée de la vie aux antipodes de la santé paysanne de nos ancêtres, mais plutôt d'innover, de créer, d'enfanter nos propres modèles qui porteront à la fois les gènes du passé et ceux du futur. Il me semble que c'est là la lecture seconde qui se peut faire au mieux en filigrane du texte de ce livre.

Mais il convient maintenant que je me taise pour mieux laisser chanter ces pages qui rappellent la saveur du pain de ménage, le bruit clair d'un ruisseau qui coule librement sur les cailloux de son lit après le dégel, l'odeur aigre de la terre et de l'herbe que réchauffe le soleil, les cris des oiseaux retrouvés et la joie sensuelle de la peau nordique à nouveau caressée par ce soleil de printemps.

Michèle Guay

Avant-propos

La rotation régulière de la terre autour de son axe et sa révolution autour du soleil ont imprimé à la vie un caractère fondamental, le rythme, la périodicité. Invariablement, après le jour vient la nuit et après la nuit revient le jour. Ainsi en est-il de l'été qui sitôt arrivé s'en va vers l'hiver, et vice-versa. Comme si l'un des pôles ne pouvait exister que du fait de sa négation périodique par l'autre, processus continu de l'être qui se maintient par le renouvellement, l'alternance.

Le cycle des saisons qui provoque des variations diverses du milieu naturel existait donc bien avant l'apparition de la vie sur la terre. L'homme, comme toutes les autres espèces, n'a pas eu d'autres choix que de vivre en concordance avec lui. Le calendrier de la société traditionnelle, celle d'avant le monde industriel, est composé de manifestations périodiques (travaux, fêtes et cérémonies diverses) qui reviennent année après année et ont la couleur de la saison où elles se déroulent. Leur caractère essentiel est déterminé par la façon dont le soleil chauffe et éclaire le pays. Il y a les jours courts de l'hiver qui obligent à vivre à l'intérieur; il y a les jours longs de l'été vécus presqu'entièrement en plein air. Périodique recommencement sur lequel vient se superposer un autre cycle qui a aussi son printemps, son été et son hiver, celui que tout être vivant accomplit de la naissance à la mort.

Voici le printemps dans la vallée du Saint-Laurent durant la première moitié du 19e siècle, tout juste avant l'arrivée du chemin de fer et du catalogue, avant la venue du charbon et du magasin à rayons. Nature était alors quasi synonyme de culture. Bien que l'homme ait été à la veille d'un « décollage » technique qui devait complètement bouleverser l'organisation de l'espace et du temps, sa pression sur le milieu, son activité prédatrice, était encore artisanale.

Une longue introduction s'attache d'abord à présenter le pays depuis le milieu physique jusqu'à l'habitation. Il s'agit en quelque sorte de la toile de fond, du décor où se vivront les quatres saisons. La seconde partie du livre porte sur le printemps proprement dit, ses rites et ses croyances, ses activités domestiques, le travail de la terre, la chasse et la pêche, la reprise de la navigation et le défilé de ceux qui pratiquent les métiers ambulants.

Pour traiter de chacun de nos sujets, nous avons recouru à toutes formes de références, comme si chaque discipline, selon le cas, pouvait être la bonne, chaque témoignage pouvait aider. Lorsqu'est venu le temps, par exemple, de rédiger le texte sur la toupie, jeu auquel les enfants se livraient au printemps, nous disposions bien de quelques témoignages. Mais les meilleures lignes étaient celles du poète Albert Lozeau, écrites au début du 20e siècle. Assurés par des contre-vérifications qu'elles ne renfermaient point d'anachronismes, nous les avons reprises, toutes poétiques qu'elles fussent.

Sur le plan de la forme, nous proposons l'expérience d'un livre qui s'adresse tout autant à l'imagination qu'à la raison. Une diversité de sujets, un discours discontinu, une phraséologie simplifiée, une mise en page moins linéaire qu'habituellement, le recours à l'encart, un certain nombre d'illustrations font que cet ouvrage tient plus de la mosaïque aux multiples touches que de la thèse au lent développement. Nous vous convions à voir se développer le printemps, de mars à juin, à travers mille et une avenues.

***

Ce livre est le fruit d'une collaboration multiple et il nous est apparu important de le souligner. Les co-signataires d'abord ont assuré la recherche, alors que Provencher travailla à la rédaction. Le manuscrit achevé, Jean Hamelin, historien, Alain Hogue, traducteur, Paul-Louis Martin, ethnologue, Pierre Morisset, biologiste, et Jean O'Neil, écrivain, ont accepté de le relire, de le commenter, de l'annoter et au besoin de le corriger, ajoutant ainsi à la qualité de l'ouvrage.

Le Conseil de recherches en sciences humaines du Canada et la Direction générale des arts et des lettres du ministère des Affaires culturelles du Québec ont permis, de leur subvention, que le livre paraisse beaucoup plus rapidement que prévu. Antoine Del Busso, l'éditeur, Jean Renaud, le concepteur graphique, et toute l'équipe ont mis leur savoir-faire à donner au livre sa forme finale.

J.P.
J.B.

Le pays

Aussi loin que la vue peut porter, sauf quelques exceptions..., on aperçoit de toutes parts un archipel de bosses d'une altitude sensiblement la même et qui ne dépasse guère 1 500 pieds au-dessus du niveau de la mer[1]... C'est ainsi que le géographe Pierre Dagenais décrivait le plateau laurentien, l'une des trois grandes régions naturelles du Québec. C'est là une très vieille région du monde. L'absence de fossiles dans les formations rocheuses nous permet d'affirmer qu'elle date du précambrien, cette période mal connue qui va des débuts de la formation de la Terre jusqu'à l'apparition de la vie.

Au sud-est, depuis les Cantons de l'Est jusqu'à l'Atlantique, se trouve la région des Appalaches, au paysage moins rude et plus accidenté. Il s'agit d'une partie de ces petites chaînes de montagnes qu'on suit à travers tout l'est du continent, de l'État de l'Alabama jusqu'à Terre-Neuve. De formation plus récente que le plateau laurentien, puisqu'elles datent de la fin de l'ère primaire, elles sont le résultat des plissements de l'écorce terrestre dus à la dérive des continents, et sont venues faire barrière contre les incursions en sol américain de l'océan Atlantique.

Entre les deux s'intercalent les basses terres du Saint-Laurent, une zone affaissée, fertile et plane qui se poursuit des Grands Lacs jusqu'au golfe. Géologiquement, cette dernière région, constamment livrée au jeu du flux et du reflux de la mer, est de formation contemporaine. Il y a 12 000 ans encore, l'océan Atlantique se prolongeait en une vaste mer intérieure qui s'étendait jusqu'au lac Champlain. Le fleuve Saint-Laurent et le cours inférieur de ses tributaires sont les derniers vestiges de ce bras de mer; les savanes et les marécages, ce qui reste de ses bas-fonds.

Autour du pôle se forme régulièrement un tourbillon allant d'ouest en est qui affecte, il va sans dire, le climat des contrées où il souffle. Situé à l'est du continent nord-américain, à des latitudes moyennes, le Québec se trouve à la limite méridionale de ce tourbillon, là où les vents froids du nord et les masses d'air chaud du sud s'entrechoquent. Il en résulte un climat variable, contrasté, aux précipitations abondantes.

La ville de Québec, à la latitude de La Rochelle, en France, est aussi froide en janvier que le port de Mourmansk en Russie.

La température moyenne du mois de juillet à Montréal est égale à celle de Marseille, sur la Méditerranée. La durée moyenne de l'hiver varie de 120 à 160 jours[2]. Quel que soit le lieu, la neige est abondante: chaque hiver en apporte une couche rarement inférieure à sept pieds*. Il tombe annuellement un mètre d'eau sous forme de pluie ou de neige. Il pleut légèrement plus en été qu'il ne neige en hiver, et les précipitations estivales sont plus intenses que fréquentes. Bon an, mal an, quatre journées et demie sur dix sont ensoleillées.

* Dix pouces de neige, soit 25,4 cm, équivalent à un pouce d'eau, ou 25,4 mm.

Un pays d'eau...

À tant pleuvoir et neiger, et de manière aussi régulière, la vallée du Saint-Laurent est le pays de l'eau. Et d'une eau de surface, car « le sol est pratiquement imperméable de par la nature de ses roches renforcée par la présence du manteau morainique[3] ». Mais il y a plus. La retraite encore récente du glacier vers le nord a modifié la morphologie du sol, remblayant les anciens lits des cours d'eau, les pavant souvent de verrous, amenant ainsi la formation d'un très grand nombre de lacs.

L'abondance des précipitations se retrouve dans le volume des cours d'eau. Les rivières sont bien alimentées. En hiver, de janvier à mars, la neige réduit les débits, mais sa fonte au printemps impose des crues puissantes. L'été, l'intense évaporation provoquée par les chaleurs entraîne une seconde baisse, moins importante cependant que celle d'hiver. Tandis que l'automne on note une légère recrudescence due aux pluies, à la fusion précoce des premières neiges et à une évaporation moindre. « C'est le régime des plaines russes, mais avec moins de brutalité dans les crues de printemps et des débits plus étoffés en été[4] ».

L'égalisation des débits tient bien sûr à la régularité des précipitations, mais aussi à la présence des nombreux lacs qui avalent les crues pour ne les restituer qu'avec lenteur. Cet élément modérateur n'est nulle part plus manifeste que sur le fleuve. Le Saint-Laurent dispose du réservoir des Grands Lacs, une mer intérieure de 93 000 milles carrés (155 000 km^2) qui corrige tout écart un peu vif. En effet, mai, le mois au plus fort

Les vents et les marées

Les vents et les marées sont deux phénomènes naturels qui font bien sentir leur présence dans la vallée du Saint-Laurent. Les bilans météorologiques montrent que les vents sont constants tout au long de l'année; seule leur vélocité augmente pendant les mois d'hiver.

Le noroît. Aussi appelé « noroua ». C'est le vent dominant en hiver. Dès 1805, des expériences faites avec des girouettes le prouvent, selon le journal *Le Canadien.* Il souffle du nord-ouest et on le dit venir des steppes du nord. Sec et frais, hiver comme été, il est synonyme de beau temps. « Seulement, il a cela de perfide en hiver, écrit Volney, un écrivain français qui consacra au début du 19e siècle un ouvrage aux vents de l'Amérique du nord, que, tandis qu'un ciel pur et un soleil éclatant réjouissent la vue et invitent à respirer l'air, si en effet on sort des appartements, l'on est saisi d'une bise glaciale dont les pointes taillent la figure et arrachent les larmes, et dont les rafales impétueuses et massives font chanceler sur un verglas glissant ».

Le noroît aurait été « le principal tourment » des coureurs des bois qui pratiquaient dans le Nord-Ouest la traite des fourrures. Le ciment ou le mortier d'un mur exposé au noroît est toujours plus dur, plus difficile à démolir que sur toute autre face de la maison. On répète aussi que l'écorce des arbres, plus épaisse et plus résistante du côté de ce vent, permet aux Amérindiens de se guider à travers les bois par les jours de brume. En été, beaucoup moins rude, le noroît est toujours le bienvenu. Après les orages consécutifs aux fortes poussées de chaleur, il s'amène souvent en compagnie de l'arc-en-ciel et son retour marque celui d'un temps plus supportable.

Le surouêt. Aussi appelé « saroît » ou « soroît ». Il vient du sud et du sud-ouest du continent et marque toujours, hiver comme été, un réchauffement du temps. Cependant, comme il amène la formation de zones de basse pression, il est le premier facteur responsable du grand nombre de précipitations dans la vallée du Saint-Laurent. Lorsqu'en hiver il soulève en poudrerie les bancs de neige précédemment accumulés par le nordet, on dit que « le vent a tourné », que c'est « le revers de la tempête ». Souvent humide et chaud en été, il cause alors les oppressantes vagues de chaleur et crée des ciels ternes, lourds et gris que seul l'orage peut briser.

Le nordet. Aussi appelé le « vent d'en bas ». Il vient du golfe et des eaux glacées de la zone septentrionale de l'Atlantique, souffle du nord-est et « refroidit toujours le temps ». L'hiver, les tempêtes de neige poussées par le nordet sont les plus violentes; au printemps et à l'automne, ses pluies sont les plus froides et les plus cinglantes. Le voyageur suédois Pehr Kalm, de passage en 1749, assure que tout le mur intérieur d'une maison se couvre d'une gelée blanche quand souffle le nordet en hiver. On prévoit sa venue lorsque, dans le savonnier, le pain de savon n'arrive plus à s'assécher entre deux lavages. La ménagère remarque: « Il va faire nordet, la barre est encore trempe ». D'autres disent que le sel et le sucre s'humidifient, s'alourdissent quand il y a apparence de nordet.

Les auteurs ont exagéré l'importance du nordet qui, somme toute, est rare de juin à octobre et épisodique en hiver. Certaines localités abritées, dans Charlevoix par exemple, ne le connaissent pas. On a aussi écrit qu'il causait une certaine dégradation du mur nord-est des édifices. À la vérité, l'absence d'ensoleillement direct et le jeu des vents dominants, qui assèchent la face ouest, mais qui par un effet de retour, de tourbillon,

maintiennent l'humidité sur la face est, occasionneraient cette détérioration.

Voir *La Bibliothèque canadienne*, mai 1828; *Le Canadien*, 22 nov. 1806; Camille Pacreau, « Vents d'En-Bas, vents d'En-Haut », *Concorde*, 7 (août 1956): 15s.; C.V. Wilson, *Le climat du Québec. Mise en application des renseignements climatologiques*, Études climatologiques no 11, Environnement Canada (1973): 12, 56.

* * *

Les marées. Chaque jour, sous l'attraction de la lune et du soleil, les eaux du monde, comme une grande pulsation, sont soulevées de leur lit, puis se replacent. L'eau de la mer refoule alors dans les fleuves, puis se retire. C'est le rythme des marées.

Dans la vallée du Saint-Laurent, le courant réversible des eaux du fleuve s'observe jusqu'à Grondines. La marée, elle, se fait sentir jusqu'au lac Saint-Pierre, où elle atteint une amplitude de 30 centimètres. Contrairement à ce que l'on croit habituellement, elle continue de se manifester jusqu'à Montréal, où elle se confond avec le clapotis de la vague (15cm). Les marées mettent dix heures à franchir la distance de Sept-Iles au lac Saint-Pierre, soit 400 milles (environ 640 kilomètres). Les plus fortes se remarquent en aval de Québec à cause de l'étranglement du fleuve à cet endroit. Elles atteignent alors une amplitude deux fois plus grande que celles du golfe et ont amené la formation de grandes grèves découvertes à marée basse, les « battures », qui hébergent une faune et une flore originales.

En amont de Pointe-au-Père, la marée suit un rythme semi-diurne, c'est-à-dire qu'elle monte et baisse deux fois par jour. Deux fois par mois, le niveau de la marée montante atteint une plus grande hauteur que les jours précédents. Ce sont les « grands mers » du mois, ou marées de vives eaux, qui se produisent à la pleine lune et à la nouvelle lune. Et deux fois par année, en mai et novembre, les marées sont les plus fortes en chiffres absolus.

Voir Jacques Rousseau, « Pour une esquisse biogéographique du Saint-Laurent », *CGQ*, 11 (1967-1968): 192-200.

débit, ne dépasse que du tiers la moyenne annuelle, alors que février, le mois le plus pauvre, ne lui est inférieur que de 18%. « Ni crues désastreuses, écrit le géographe Raoul Blanchard, ni étiages calamiteux: le Saint-Laurent est un géant de tout repos[5] ».

C'est à plus d'un titre que le printemps est la saison de l'eau, car la relation entre l'homme et cet élément se fait alors plus étroite, plus intime. Pour aller récolter l'eau d'érable, l'habitant se rend travailler dans la forêt. Parce qu'on croit l'eau magique, on se lève dès l'aube, le matin de Pâques, pour aller la cueillir. Pour son spectacle, on se rend assister à la débâcle. Sans compter que la force hydraulique est une forme d'énergie très importante: en 1851, près de 97% des moulins à scier et à moudre, soit 1 562, sont actionnés à l'eau, tandis que seulement 32 sont mûs par le vent et 12 par la vapeur[6]. Au printemps, comme les petites rivières et les ruisseaux connaissent leur débit maximum annuel, à cause de la fonte des neiges, les moulins tournent à plein rendement.

Au début de mai, l'habitant interroge parfois le ciel pour tenter de prévoir le moment de la première pluie. Car l'eau de cette pluie guérit de tous les maux*. On la recueille dans le « quart** », près de la galerie, ou dans des bacs, avant de l'utiliser pour se laver. On en conserve même quelques flacons afin d'en avoir « à longueur d'année ». Certains cultivateurs sortent leurs animaux de l'étable pour qu'ils soient bénis par cette pluie[7].

Pour les enfants, c'est l'heureux temps des flaques et des rigoles. L'eau les fascine, les subjugue, les envoûte. Il n'est pas rare, au printemps, de voir « un enfant planté, plus immobile qu'un dieu Terme, dans une flaque boueuse, recueilli, les yeux au sol, comme attendant quelque chose de surnaturel ». À moins qu'il ne soit tout affairé à détourner un simple filet d'eau qu'il imagine être un torrent. « L'eau recèle pour eux des charmes inconnus, des vertus magiques qu'on sent, mais qu'on ne peut définir[8]. »

* Très vieille croyance d'origine païenne qu'il faut rattacher à celles touchant l'eau de Pâques et de la Saint-Jean.

** Nombre de cultivateurs disposent un tonneau en permanence sous la gouttière de la galerie pour recueillir l'eau de pluie. Il n'y a pas meilleure eau, dit-on, pour arroser le potager, se laver la tête, cuire les légumes ou dissoudre le savon.

...et de forêt

Sur la terre, les climats humides qui résultent soit d'une pluviosité abondante, soit d'un faible coefficient d'évaporation conduisent à l'établissement d'une végétation forestière. C'est ce qui explique l'absence presque totale de prairies naturelles et l'omniprésence de la forêt.

Dans la vallée du Saint-Laurent, la forêt est dite mixte. Les arbres à feuilles caduques, c'est-à-dire ceux dont les feuilles se détachent et tombent à l'automne, occupent la majeure partie du territoire. Mais certaines espèces de résineux s'y glissent. « Cette forêt méridionale est splendide, écrit Blanchard; elle participe au gigantisme américain par la puissance et la densité des arbres, par l'opulence du sous-bois. À l'automne, elle illumine le paysage de ses ocres et de ses rouges, parfois aussi vifs que des flammes. Beaucoup plus que le relief, toujours un peu mince, elle est avec les eaux la véritable beauté de la terre canadienne[9] ».

Le passage de la forêt mixte à la forêt boréale s'opère plus au nord, sur le plateau laurentien, là où la température quotidienne moyenne des quatre mois les plus chauds de l'année (habituellement juin, juillet, août et septembre) n'atteint plus 60°F[10] (15,5°C). C'est la limite de la pruche, de la plaine, du tilleul, de l'orme d'Amérique, du peuplier à grandes dents et des frênes blanc et noir. L'essence caractéristique de cette forêt boréale est l'épinette noire. L'épinette blanche se rencontre partout, mais toujours dispersée localement. Et de tous les arbres à feuilles caduques, ne restent plus dans cette forêt boréale que le bouleau blanc et le faux-tremble.

A l'arrivée des premiers Européens, c'était partout la forêt, sans autre éclaircie que le fleuve, les rivières et les tourbières. La luxuriance de la végétation était telle que seules les rives des cours d'eau pouvaient être habitées. Il n'existait aucun autre moyen de transport que la navigation. Il faudra attendre près de 150 ans pour qu'un premier chemin de terre relie Québec à Montréal[11]. Et longtemps encore, les habitants préféreront les eaux ou les glaces du fleuve pour se rendre chez le troisième voisin ou quelques paroisses plus bas. Il arrivait néanmoins qu'à certains endroits, sur une plus courte distance, on disposât d'une route de terre pour voyager. De Bic à Saint-Roch-des-Aulnaies, par exemple, on empruntait le « chemin des grèves », une route que les riverains devaient entretenir, car à cette hauteur les naufrages étaient fréquents sur le fleuve et il fallait secourir les survivants rapidement.

On occupa donc en premier lieu les rives du fleuve; puis la colonisation se poursuivit le long des rivières et aussi sur le territoire situé entre elles. Le patron est classique. Prenons le cas de Montréal, fondée en 1642. Durant le demi-siècle qui suit, des hameaux se forment à proximité: Boucherville, Varennes, Verchères, Contrecoeur, Repentigny, Saint-Sulpice, Lachenaie, Laprairie. De 1700 à 1760, les colons s'installent sur le haut Saint-Laurent (Châteauguay, Ile Perrot, Soulanges, Beauharnois) et remontent la rivière Richelieu (Saint-Charles, Saint-Antoine, Chambly et Saint-Jean). Terrebonne apparaît sur la rivière des Mille-Iles, puis Sainte-Anne-des-Plaines, Mascouche, L'Assomption. En 1757, les colons de la Yamaska touchent presque à Saint-Hyacinthe. Ainsi toute cette partie de la vallée du Saint-Laurent est en voie de peuplement avant 1760.

Après la victoire anglaise, d'autres éléments ethniques se joignent au contingent français. Mais ce dernier, grâce à une très forte natalité, ne sera pas mis pour autant en minorité. De 1800 à 1850, le nombre total d'habitants fait plus que quadrupler, passant de 200 000 à 890 261. En 1851, les meilleures terres sont toutes occupées. Sur la rive nord, le peuplement se heurte à la barrière des Laurentides. Ainsi le nord de Montréal et la Mauricie ne sont pas encore ouverts. On signale cependant des premières percées. Sur la Gatineau et la Lièvre, des bûcherons travaillent pour des entrepreneurs forestiers. Plus à l'est, de petites colonies irlandaises ou britanniques se forment à Shawbridge, Rawdon, Saint-Ambroise-de-Kildare, Saint-Gabriel-de-Brandon, Valcartier, Stoneham et Lac-Beauport, tandis que les francophones empruntent surtout la vallée de la Batiscan. En 1838, une poignée de citoyens de La Malbaie et Baie-Saint-Paul, regroupés en société, gagnent la Baie-des-Ha!Ha!, amorçant ainsi la colonisation du Saguenay.

Sur la rive sud, des Américains de la Nouvelle-Angleterre, aidés d'immigrants anglais et écossais, sont installés depuis la fin des années 1790 dans les Cantons de l'Est. Mais, durant le demi-siècle qui suit, ils se retrouvent vite encerclés par les francophones originaires des vieilles paroisses. Les comtés limitrophes de Shefford et Missisquoi voient leur population de langue française constamment augmenter. Drummondville est peuplée d'une majorité française en 1840[12]. De 1830 à 1850, des citoyens des comtés de Nicolet et Lotbinière quittent les rives du fleuve, traversent les « savanes », pour prendre pied sur les bonnes terres des Bois-Francs. Plus à l'est, on remonte les rivières Chaudière et Etchemin jusqu'à leur terme. Au milieu du siècle, les francophones occupent le sud-ouest du bassin de la Chaudière jusqu'aux rives du lac Aylmer.

Les vieilles paroisses de la Côte-du-Sud et du Bas-du-fleuve, allant du comté de Bellechasse à celui de Matane, une distance de 215 milles (360 kilomètres), n'ont pas encore commencé à essaimer sur les plateaux arrière. En 1851, on ne dénombre que 4 000 habitants « sur les hauteurs » contre 80 000 sur les basses terres de l'estuaire. En fait, le trop plein de ces paroisses se déverse du côté de la Gaspésie. Au début, ce sont des pêcheurs saisonniers qui partent s'installer sur la côte, le temps d'un été. Au fil des années, ils y prennent goût, décident de rester sur place, font venir leur famille et fondent à leur compte des postes de pêche permanents qui deviendront par la suite des villages. Le chapelet de hameaux, de Cap-Chat à Cap-des-Rosiers, sera ainsi formé d'habitants originaires de l'estuaire. Certains même se joindront aux populations d'ascendance acadienne, américaine, anglaise et jersyaise qui occupent le pourtour de la Baie-des-Chaleurs.

Cette population est fort jeune. Selon le recensement de 1851, près de 56% des habitants n'ont pas 20 ans, 26,3% ont de

Les déplacements de population

De 1800 à 1850, chaque père de famille se prend encore à rêver d'établir quelques-uns de ses enfants auprès de lui. Mais cela n'est plus possible. À proximité du fleuve, toutes les devantures sont occupées. Les vieilles paroisses ont fait le plein et les terres, déjà subdivisées, ont rendu les fermes exiguës. Il lui faut donc se résigner à voir partir presque tous ses enfants.

Se produisent alors de grands transferts de population. On assiste en fait à un premier morcellement des liens familiaux. Dans les vieux « districts », de nouvelles paroisses se fondent, ce qui permet durant un certain temps d'absorber le surplus démographique. En 1823, les jeunes gens de Maskinongé, de Louiseville et de Yamachiche gagnent la seigneurie de la rivière David et le canton d'Aston sur la rive-sud, où déjà une centaine de familles se sont établies sans titre. Le prix moins élevé des terres des régions de Montréal et de Trois-Rivières amène les habitants des environs de Québec à vendre tous leurs biens pour s'installer dans les paroisses de Châteauguay, L'Acadie, Sainte-Marie-de-Monnoir, Saint-Constant, Saint-Jacques, Saint-Roch-de-Richelieu, Saint-Esprit et Saint-Elphège. D'autres partent s'engager comme journaliers dans les villes ou garçons de ferme à la campagne. Et plusieurs se font colons-défricheurs sur des terres nettement plus éloignées du fleuve.

Voir Fernand Ouellet, *Histoire économique et sociale du Québec, 1760-1850* (1966): 273s.

La mortalité infantile

Bien qu'on ne possède aucun chiffre permettant de connaître le nombre de morts d'enfants de 1800 à 1850 dans la vallée du Saint-Laurent, il est permis de penser qu'à l'instar de tous les autres pays du monde, le Québec ne maîtrise aucunement sa mortalité infantile. L'habitant fait probablement même preuve, comme pour l'exploitation de ses terres, d'une sorte d'approche naturelle de la vie. Les enfants sont nombreux, la besogne n'a pas de fin et les travaux de Louis Pasteur et des autres ne sont pas encore survenus; quand un des marmots tombe malade, la famille utilise ses potions et concoctions ou laisse agir la nature. Au début du 20e siècle, des médecins témoigneront de cette mentalité populaire: « Nous sommes obligés de faire une lutte au fatalisme, nous sommes obligés de prouver au peuple que les maladies contagieuses sont évitables... La mère dit: « C'est le Bon Dieu qui arrange cela. » Le Bon Dieu fait naître des enfants, il en fait naître cinq, six, sept, huit, dix, douze, dans une famille, et il en fait mourir quatre, cinq, six, sept, huit ou dix; et puis voilà! »
CHPQ, *Bulletin sanitaire*, 13 (1913): 65-69.

20 à 39 ans, 12,2% ont de 40 à 59 ans et seulement 4,3% ont plus de 60 ans. On dit cette forme de pyramide des âges typique des populations de l'Ancien Régime, celles qui n'ont pas encore connu la révolution industrielle[13]. Les trois quarts sont de langue française. Le secteur primaire[14] occupe 75% de la main d'oeuvre active, soit 78 437 agriculteurs, 63 365 ouvriers agricoles, 1 242 pêcheurs et 974 bûcherons. Il faudrait cependant nuancer ces derniers chiffres, car un nombre difficilement estimable d'agriculteurs et d'ouvriers agricoles pratiquent en hiver le métier de bûcheron. Le secteur secondaire, lui, n'occupe que 7% de la main d'oeuvre et le tertiaire, 18%.

Au milieu du 19e siècle, le Québec ne compte que deux villes: Montréal (57 715 habitants en 1851) et Québec (42 052 habitants). On ne trouve pas de villes moyennes; Trois-Rivières (4 936 hab.), Sorel (3 424 hab.), Saint-Hyacinthe (3 313 hab.) et Sherbrooke (2 998 hab.) émergent tout au plus comme de gros villages. Au premier coup d'oeil donc, la vallée du Saint-Laurent offre l'image d'un monde rural très homogène. Mais ce n'est qu'une apparence. La variété des lieux, des climats locaux et des sols a entraîné une diversité des manières de vivre[15]. Les particularités régionales abondent.

La région dite « du bord de l'eau », par exemple, qui va de Champlain à Saint-Augustin sur la rive nord du fleuve et de Bécancour à Saint-Nicolas sur la rive sud, a une vie propre à elle. « C'est le fleuve ici qui domine tout, note le géographe Raoul Blanchard. Les deux rives étaient comme deux rues d'un même grand village, unies par des transactions régulières, des liens de parenté, des habitudes de réunions joyeuses. Une vie fluviale très intense s'est créée, qui a fait de chaque village un petit entrepôt de commerce qui dessert son arrière-pays[16] ». Et à l'intérieur de cette région, le village de Deschaillons, grâce à d'importants dépôts de schistes, fabrique de la brique qu'il exporte en grande quantité. Pointe-aux-Trembles de Portneuf fait de même avec la pierre de ses carrières.

Beaucoup de localités semblent s'être trouvé une vocation originale. Dans la vallée de la rivière Richelieu, les riches dépôts d'argile laissée par la mer Champlain au moment de son retrait permettent au village de Saint-Denis de devenir de 1810 à 1840 le plus important lieu de production de poterie[17]. L'état de la recherche laisse supposer que cette production est écoulée partout dans la vallée du Saint-Laurent, de même qu'en Nouvelle-Angleterre. Saint-Denis possède également une manufacture de chapeaux, celle de Gazaille, dit Saint-Germain, qui fournit les marchands de Montréal et ceux des paroisses environnantes[18]. Saint-Aimé, sur la Yamaska, est réputé pour son élevage de chevaux et le commerce qu'on en fait. Trois-Rivières est la capitale mondiale de la fabrication des canots. Les fonderies des Forges du Saint-Maurice travaillent à plein rendement. À l'exposition universelle de Paris en 1855, aucune huile animale n'égale celle de la maison Charles-Hilaire Têtu, de Rivière-

Ouelle. Là, on prépare des huiles purifiées de marsouin, de loup-marin, de baleine, et de capelan.

On note aussi certaines spécialités alimentaires: les fromages de Boucherville, de Varennes et de l'Ile d'Orléans, le beurre de Kamouraska, les eaux minérales de Saint-Léon, les pommes, les poires et les melons de la région de Montréal, les prunes et les cerises de la Côte-de-Beaupré et du Bas-Saint-Laurent.

On remarque également l'émergence de villages-champignons, créés de toutes pièces par une poignée d'individus. Ainsi celui d'Industrie, qui portera à compter de 1863 le nom de son fondateur, Joliette, situé le long de la rivière L'Assomption, à une vingtaine de kilomètres du fleuve. Alors qu'en 1823, ce lieu n'est encore que forêt vierge, on y retrouve, six ans plus tard, 35 maisons et 29 bâtiments. Mais ce qui frappe surtout les contemporains, c'est la « modernité » du grand édifice de trois étages abritant une scierie, une fabrique de bardeaux et de clous et un moulin à carder et à fouler, de même qu'un moulin à farine à deux moulanges avec toutes ses dépendances, le tout actionné par les eaux de la rivière[19]. Le moulin à moudre l'avoine deviendra à ce point populaire en ces temps de cherté du blé que des habitants de la rive sud (de Sorel et de Sainte-Victoire entre autres), désireux d'économiser, s'y rendront pour acheter de la farine[20]. Mais l'expansion d'Industrie s'expliquera surtout par le commerce du bois et l'intérêt qu'y porte l'Angleterre jusqu'en 1846. À la même époque, à l'instar de ce village, Beauharnois, Napierville et Saint-Césaire connaissent un développement très accéléré[21].

Barthélemy Joliette.

Le village industriel de Saint-Anselme de Dorchester, fondé en 1827 le long de la rivière Etchemin, dans la seigneurie de Lauzon, doit son essor rapide au talent inventif et à l'habileté manuelle de Siméon Gautron dit Larochelle, un cardeur originaire de Saint-Vallier de Bellechasse. En quinze ans, de 1829 à 1844, il y construit un moulin à carder, une scierie « à chasses verticales alternatives » à laquelle il joint un atelier de menuiserie, une forge qu'il transforme rapidement en fonderie et un moulin à moudre « les avoines et autres grains que les habitants étaient dans la nécessité de substituer au blé pour leur consommation ». En 1848 et 1849, il travaille à la construction d'un pont sur la rivière, afin de relier Saint-Anselme à la vallée de la Chaudière. Et, en 1853, il ouvre une fabrique d'étoffe, de toile et de flanelle.

Le système seigneurial

Au temps de la Nouvelle-France, pour favoriser la venue de colons français, leur assurer le minimum nécessaire à leur arrivée et contraindre les grands propriétaires terriens à établir le plus d'habitants possible dans leurs domaines, on a recours au système seigneurial, version fort édulcorée du vieux régime féodal français. En recevant une large portion de territoire, le seigneur doit faire « acte de foi et hommage » devant l'intendant, s'engager à produire régulièrement un « aveu et dénombrement » touchant son domaine et verser à l'État une taxe qui équivaut au cinquième de la valeur du fief. On l'oblige de plus à habiter sa seigneurie, à concéder des terres, à construire et entretenir un moulin à farine et, comme tout le monde, à contribuer aux cotisations de l'église et participer aux corvées de voirie.

En revanche, le contrat qui le lie à ses censitaires prévoit qu'il recevra de chacun une rente annuelle équivalant à 20 sols par arpent de front concédé, le quatorzième minot de grain moulu, le vingtième ou le onzième poisson pêché sur la devanture de la seigneurie et une redevance sur l'utilisation du terrain de la commune. Il peut aussi s'approvisionner en bois sur toutes les terres de sa seigneurie et exiger de chaque censitaire trois ou quatre jours de corvée par année. Son titre de seigneur lui assure un banc gratuit à l'église, des prières au prône pour lui et sa famille, la préséance sur le peuple lors des cérémonies et la plantation du mai devant son manoir.

En 1760, à la fin du régime français, le domaine seigneurial occupe une surface qui ne connaîtra plus d'expansion. Il s'étend sur la rive nord du fleuve, de La Malbaie à la presqu'île de Vaudreuil-Soulanges et, sur la rive sud, de Pointe-au-Père à Beauharnois. De 1800 à 1850, le régime seigneurial agonise. « Il ne convient plus à une société qui a dépassé depuis longtemps le stade de la colonisation, encore moins à une vie économique qui se fonde de plus en plus sur l'industrie. » La plantation du mai devant la maison du seigneur est devenue un geste purement symbolique. À Montréal, on ne l'exige pas. Ailleurs, contre ceux qui passent outre, le seigneur n'a pas d'autres recours que de les dénoncer publiquement. Finalement, le 18 décembre 1854, le parlement du Canada-Uni abolit les titres de seigneurs et censitaires.

R.C. Harris, *The Seigneurial System in Early Canada* (1968); E.-Z. Massicotte, « La plantation du mai dans le bon vieux temps », *BRH*, 26 (1920): 154-156; Marcel Trudel, *Introduction à la Nouvelle-France* (1966): 183-196.

Québec en 1860.
Aquarelle de W.S. Hatton.

La ville

En 1851, Montréal est anglophone à 54% et Québec l'est à 35%. Tout le commerce est anglais ou écossais. En fait, la ville est le point de rencontre de deux civilisations. Elle rend la comparaison possible, apporte le changement, les modes, les goûts. À la ville — les journaux du temps en font largement état — on se lasse de l'étoffe grise du pays. Dans les maisons huppées, on remplace le rhum par le gin, le sucre d'érable, dit « du pays », par la cassonade, les mitaines de laine ou de cuir par les gants fins. La jeune fille quitte la jupe de flanelle et le mantelet d'indienne pour la robe de coton ou de « gros de Naples » fabriquée en Angleterre. Au contact des anglophones, on en vient à préférer le verre de bière à la soupe au début d'un repas, ce qui soulève l'indignation d'un journaliste: « Une assiettée de soupe ne coûte pas plus, croyons-nous, qu'un verre de bière et un homme fait avec cette soupe une grande partie de son repas. La soupe est un mets français et de tous les usages que nous tenons de nos pères, il est encore un de ceux qui ont les plus fortes racines. On dénonce comme une mauvaise ménagère la femme qui ne fait que rarement de la soupe; et dans les maisons canadiennes où il y a le plus d'économie, on voit de la soupe à dîner et à souper, quelquefois à déjeuner[22] ».

La rivalité entre Montréal et Québec est grande. Montréal, ville neuve et en pleine expansion, s'enorgueillit de ses immenses progrès matériels. L'architecture de ses édifices publics fait preuve, dit-on, de beaucoup plus de goût et de magnificience que celle de Québec. Les villages environnants ne sont pas sans subir son attraction. En 1810, un rapport statistique sur la paroisse de Boucherville note, au sujet des prix des denrées, que « la proximité où est Boucherville de Montréal et la facilité de communication entre les deux places sont cause que nos habitants, journellement instruits des prix de la ville, nous vendent ici leurs denrées aussi chèrement, quelquefois même à un plus haut prix, que vous ne les payez à Montréal[23] ».

La ville de Québec, elle, avec ses quinze chantiers maritimes, peut, à juste titre, se prétendre l'un des plus grands centres de construction navale du monde[24]. De 1820 à 1860, période qualifiée d'âge d'or, on produit 50 navires par année et 2 200 ouvriers y travaillent en permanence. Sa position géographique

Montréal en 1812. Aquarelle de Thomas Davies (1755-1813).

Le village de Saint-Simon, dans le Bas Saint-Laurent.

lui permet d'être le point de départ ou le terminus de la navigation maritime. « À l'aval, les plus grands navires peuvent circuler comme en pleine mer; à l'amont, commence la navigation sur le fleuve, plus délicate et encore interdite aux très grands navires[25] ». Aussi jusqu'au milieu du 19e siècle, alors que le dragage du fleuve et l'utilisation de la vapeur plutôt que de la voile permettront aux navires à fort tirant d'eau de se rendre jusqu'à Montréal, c'est de Québec que partiront le bois, la potasse, la perlasse, le poisson et les fourrures à destination de l'Angleterre.

Le village

Contrairement à la commune de France, véritable regroupement fortifié des habitations au coeur des exploitations, l'occupation du sol dans la vallée du Saint-Laurent s'est faite de manière étendue, précisément parce que le besoin de se replier se fit moins grand à partir de 1701, année de la signature d'un pacte de paix définitif avec la nation iroquoise. L'étalement du peuplement le long des cours d'eau, les concessions du sol favorisant la dispersion, la faiblesse relative du poids démographique, la structure même de la famille, qui compte généralement deux ou trois générations sous un même toit, le mauvais état des routes terrestres et les difficultés de s'approvisionner à l'étranger, alors que le fleuve est fermé à la navigation pendant cinq mois, sont autant de facteurs qui ont retardé l'avènement du village populeux. En fait, au 18e siècle, le village québécois ne tranchait guère sur la campagne; il s'élevait à peu près au centre de la partie cultivée de la paroisse. Une longue tradition d'autarcie se développait. L'habitant devait apprendre à tout produire et fabriquer lui-même, sans attendre de secours de l'extérieur.

Cette tradition se maintiendra longtemps. Mais dès le premier quart du 19e siècle, alors que commence à se développer une économie de marché et que la population se fait plus importante, les villages se densifient et peuvent jouer le même rôle que partout ailleurs dans le monde. Là, se concentrent les artisans et les hommes de profession. En 1831, par exemple, le petit village de Louiseville compte dix marchands, cinq cordon-

Une forge.

niers, quatre forgerons, trois notaires, deux menuisiers, deux aubergistes, deux médecins, un maître de poste, un huissier, un bedeau, un boulanger, un boucher, un tanneur et un tonnelier qui disent tous occuper leur métier à temps plein[26]. Il s'y trouve aussi une meunerie, un moulin à scier et une fabrique de potasse et de perlasse.

La paroisse

Le cadre institutionnel le plus familier, celui dont on se réclame le plus facilement, est la paroisse. Tous se connaissent au sein d'une paroisse; beaucoup ont un surnom, le plus souvent un diminutif courant et pittoresque du nom de baptême de l'individu ou de celui de son père. Et les services funèbres, même des plus humbles, attirent toujours une nombreuse assistance à l'église du village.

La vallée du Saint-Laurent, possession française jusqu'en 1760, puis colonie anglaise, a hérité d'institutions qui lui sont venues de Paris et de Londres. Au 19e siècle, le cadre de vie reflète souvent cette dualité culturelle. On peut être, par exemple, de foi catholique ou protestante. Le code civil est français, mais le criminel est anglais. L'attribution des sols, faite en premier lieu selon les normes du régime seigneurial, s'est poursuivie selon le système du « township ».

À la grandeur de la colonie, le pouvoir civil est assuré par un gouverneur, qui assume souvent le titre de commandant des troupes, un lieutenant-gouverneur, des conseils exécutif et législatif, et une chambre d'assemblée. Le gouverneur et le lieutenant-gouverneur exercent leur autorité en vertu d'une commission royale. Les membres du conseil exécutif reçoivent leur nomination de Londres et ont la direction des affaires de la « province ». De tout puissants qu'ils sont en 1800, le gouverneur et les conseils exécutif et législatif verront leur pouvoir s'amenuiser peu à peu au profit de la chambre d'assemblée, formée des élus du peuple. C'est la naissance de la démocratie, bien que beaucoup des premiers députés soient de grands propriétaires terriens.

Au début du siècle, la municipalité, une institution britannique, n'existe pas. Québec et Montréal ne connaissent leur premier conseil de ville élu que durant les années 1830. Dix ans plus tard, quand le gouvernement cherche à généraliser la formule aux localités les plus importantes, il se bute à l'indifférence générale de la population. Le sentiment d'appartenance est d'abord paroissial, et on ne voit pas l'utilité d'un nouvel organisme qui aurait compétence sur un territoire sensiblement identique à celui de la paroisse. D'autant plus qu'on a encore l'habitude de régler à l'amiable devant le curé et les notables la plupart des petits conflits qui peuvent s'élever au sein d'une communauté. Aussi, les fonctions de la corporation municipale se limiteront longtemps à la confection et l'entretien des chemins.

Le rang

Le mode de peuplement par rang, tel que pratiqué dans la vallée du Saint-Laurent jusqu'en 1760, avec des terres très étroites de trois ou quatre arpents* de largeur et de 30 ou 40 arpents de profondeur, est unique au monde. Il s'agissait à l'origine d'assurer aux concessionnaires une répartition équilibrée des types de sols et de ménager au plus grand nombre une façade sur le fleuve ou un de ses affluents. Au 17e siècle, non seulement le cours d'eau constituait la seule voie importante de communication, mais il servait de garde-manger. Les récoltes manquaient-elles, le ravitaillement en provenance de la France tardait-il ou était-ce un de ces 120 jours maigres dans l'année, qu'on se rabattait sur le poisson. En 1692, le gouverneur Frontenac affirme que l'anguille est « la manne de l'habitant[27] ». Il était donc vital d'avoir un accès à l'eau.

* L'arpent est une mesure linéaire de 192 pieds ou 59 mètres.

Bien que le village acquière une plus grande importance au début du 19e siècle, le gros de la population habite toujours dans les rangs ou les « chemins de concessions »: celui des Envies ou des Belles-Amours, le Lichepain, la Miche, le Monte-à-Peine, le Chiguère, le Pain-Sec, le Brûlé, la Grillade, L'Hermitage, le Fort, le Brise-Culottes, le Vide-Poche, le Pis-Sec, le Bois-de-L'Ail, le Trompe-Souris, le Ventre-Mou, le Vire-Crêpe, le Trou-de-la-Moutonne, le Mouille-Pieds, le Mille-Roches, le Bel-Automne ou le Bout-du-Monde. Il suffisait d'un accident géographique, d'un fait social, d'une légende locale ou

L'état des routes

En 1800, les grandes routes sont pour ainsi dire inexistantes. « Ce n'est que lorsqu'elle atteint une certaine densité, écrivent les historiens Hamelin et Roby, qu'une agglomération en bordure d'un cours d'eau commence à tisser un filet de chemins vers l'intérieur. La communauté peut alors croître, tout en restant en contact avec le fleuve, générateur de civilisation. La route est donc un phénomène local ».

Durant la première moitié du siècle, les rares routes terrestres sont dans un état pitoyable et font pester ceux qui les empruntent. La fréquence des pluies, le jeu du gel et du dégel les abîment lourdement. Sans compter que jusqu'en 1841, toute construction de chemin relève entièrement des usagers. « Et comme tout le monde est obligé d'y travailler, personne n'y travaille, écrit un voyageur anonyme en 1836. Je crois qu'en aucun lieu du monde il n'existe de chemins aussi mal entretenus qu'en Canada. Il est vrai qu'il existe aussi peu de pays où les pluies soient aussi fréquentes et les gelées aussi considérables. Mais il me semble que plus la nature nous a été contraire sur ce point, plus aussi nous devrions faire d'efforts pour la vaincre. Il ne faut pas oublier, poursuit ce même voyageur, que des chemins bien entretenus sont une grande source de prospérité chez un peuple. Ils exigent moins de bêtes de somme, économisent le temps des voituriers, facilitent les transports et conséquemment le commerce. D'après une comparaison que l'on a faite de quelques-unes des principales routes de France et d'Allemagne, on a trouvé que le prix moyen du transport du roulage ordinaire pour 50 livres et par lieue est de 9⅓ centimes en France et 18 centimes en Allemagne. Le marchand paie donc près du double plus cher en Allemagne qu'en France pour faire transporter ses effets et c'est le consommateur qui paie cette différence ».

Un autre voyageur anonyme remarque en 1829 que les voies navigables demeurent à ce point primordiales que le tracé des routes terrestres, plutôt que d'aller en droite ligne à l'écart des descentes et des ravins, longe les cours d'eau et épouse leurs moindres sinuosités. Ainsi le long de la rivière Yamaska, entre Saint-Hyacinthe et Saint-Césaire, « une distance de cinq lieues », il a fallu construire une cinquantaine de ponts, ce qui aurait pu être évité « en quittant les bords de la rivière ou plutôt en ne la suivant pas dans tous ses détours ». Ce voyageur suggère également la mise en place de poteaux indicateurs et de bornes milliaires pour venir en aide aux égarés. « Ne serait-il pas aussi à propos, écrit-il, qu'il y eût à toutes les fourches de chemin des écriteaux indiquant que celui-ci conduit à tel endroit et celui-là à tel autre. Faute de cette précaution, le voyageur est très souvent obligé de s'arrêter sur la route, et quelquefois de revenir sur ses pas. Des pierres et des poteaux indiquant le nombre de lieues ou de milles parcourus ou à parcourir, en allant d'un endroit à un autre, ont encore leur utilité. Il y a de ces deux sortes d'indices sur quelques-unes de nos routes publiques; il devrait, suivant moi, y en avoir partout et dans la langue de la majorité des habitants du pays ».

Voir *La Bibliothèque canadienne*, juil. 1829; *Le Glaneur*, déc. 1836; Jean Hamelin et Yves Roby, *Histoire économique du Québec, 1851-1896*, (1971): 142.

simplement de la beauté d'un vallon au soleil pour que le nom soit tout trouvé.

Souvent, par un effet du cadastre primitif et à cause de l'orientation du fleuve, le rang se retrouve tracé dans le sens des vents venant du nord-est ou du sud-ouest. Cela représente un grand avantage, les jours de tempête en hiver. Le nordet ou le surouêt balaie le rang et ne laisse pas les neiges s'y accumuler. Les « chemins de pénétration », ceux qui relient les rangs entre eux, qu'on appelle aussi « montées » ou « chemins de traverse », sont ensevelis quand il fait tempête. Quand une montée entre deux rangs est fermée par la neige, on organise une corvée de chemin pour réouvrir la route. Mais généralement, personne n'habite une montée; la division des terres ne le permet guère et on risquerait l'isolement en hiver.

Comme les chemins sont sans cesse menacés par la neige et que leur entretien incombe à ceux qui y habitent, on s'efforce toujours d'occuper complètement un rang avant d'en ouvrir un second. Au milieu de ce peuplement en rangées uniformes, l'emplacement de l'église le long de tel ou tel rang amène souvent des « chicanes de paroisse ». Habiter le « rang de l'église » ou « grand rang » ce n'est pas comme appartenir à un autre rang; le premier, hiver comme été, est toujours droit et bien entretenu. Sans compter qu'il regroupe, croit-on, la population la plus riche de la paroisse.

La solidarité du rang est plus forte que celle de la paroisse, réservée aux occasions exceptionnelles. Les grandes corvées, comme le levage de la charpente d'une grange, regroupent souvent ceux qui habitent le même rang. D'autres formes de travaux se prêtent à cette solidarité. En avril, quand le vieux Dauphinais, de Saint-Justin, perd sa jument et se retrouve incapable de faire ses semailles, cinq ou six de ses voisins s'entendent pour l'aider à ensemencer son champ[28].

Chaque rang pourvoit à l'assistance de ses pauvres. Une fois par année au moins, les fruits d'une collecte, celle de la guignolée, vont aux plus démunis. Dans le Trompe-Souris, on quête pour le vieux Dubé et la veuve Crochetière; dans l'Ormière, pour le « père Lafontaine ». Les habitants espèrent ainsi que leurs pauvres seront assez bien nantis pour ne pas avoir besoin d'aller mendier dans les rangs voisins.

Le voisin

Si la solidarité de ceux qui habitent le même rang est grande, plus étendue encore est celle des voisins immédiats. Ici, comme chez les familles quasi-patriarcales de la vallée d'Ossau, dans le Béarn français, le premier voisin fait pour ainsi dire partie de la famille. Lors des réunions, aussi bien que lors des repas de noces, les deux voisins, celui de droite et celui de gauche, sont invariablement invités. Un habitant de Saint-Justin, sur le point de marier sa fille, à qui le curé demande s'il organisera une noce bientôt, répond: « Je ne fais pas de noces; de mon côté, j'invite seulement mon frère et mes deux voisins[29] ».

Il est permis d'imaginer comment la vie quotidienne se trouve modifiée lorsque la brouille s'installe entre deux voisins, car les voisins en bons termes se rendent beaucoup de services. On se prête des instruments de travail, des voitures, des chevaux. On va veiller les malades. Pour le voisin, on attelle son meilleur cheval quand il est nécessaire d'aller chercher le prêtre. On a la garde des enfants de la voisine pour l'aider à se relever de couche. Lors des grandes boucheries de décembre, on prévoit toujours le « morceau du voisin ». Et après la cuisson hebdomadaire du pain, il y a le « pain du voisin », en échange de celui qui a permis d'attendre sans privation le moment d'une nouvelle cuisson[30].

La "terre"

On appelle « terre » la portion de terrain concédée à un habitant pour qu'il y vive avec sa famille. La localisation de l'habitation tient d'abord aux contraintes topographiques (qualités du sol assurant solidité et étanchéité des fondations, possibilité d'y creuser un puits ou proximité d'une source d'eau) et à l'économie agricole en général, qui conserve à la culture les « bons morceaux » et qui réserve au bâti les parties incultes, rocheuses ou élevées. Des facteurs locaux qui forçant l'homme à s'adapter et à diversifier son génie jouent également. Sur la Côte-de-Beaupré et sur la rive-sud de l'Ile d'Orléans, par exemple, on tient compte, dans le choix de l'emplacement de la maison, de l'étroitesse de la terrasse inférieure.

À proximité du domicile familial se trouvent les dépendances. Suivent les clos qui constituent la partie de la terre cultivée, où poussent l'avoine, le sarrasin, le blé, le seigle, le lin et la pomme de terre. Les animaux, bien sûr, ne vont jamais paître dans les clos. On leur réserve plutôt les prés ou pacages à foin, plus ou moins bien dessouchés et situés au-delà des clos. Enfin, tout au fond, se trouve la forêt, soit la partie de la terre dite « en bois debout » et la cèdrière. La forêt occupe toujours plus du tiers de la superficie totale d'un établissement. On en prend grand soin, car c'est là qu'on va quérir le bois de chauffage et de construction, faire les sucres, chasser la perdrix et le lièvre.

La grange-étable

Le cultivateur au niveau de vie modeste ne possède souvent qu'une seule dépendance, la grange-étable. Au fil des ans, il pourra peut-être multiplier les constructions; mais à l'origine, il ne s'en tient qu'à celle-ci. Parmi les facteurs intervenant dans la localisation d'une grange-étable, se trouvent l'emplacement projeté du tas de fumier et le sens des vents dominants. Il ne faut pas que la maison soit constamment livrée aux odeurs dégagées par les excréments des animaux. Pour le choix du lieu, on tient compte aussi du besoin d'ensoleillement de l'étable. On a écrit qu'« il arrive que, dans l'agencement de leur distribution, l'habitant cherche à se servir de dépendances comme coupe-vent afin de protéger la maison des vents dominants[1] ». À vrai dire, il

Une grange à toit de chaume, dans la région de Yamachiche.

Laiterie en pierre, dans le rang de la Petite-Prairie, à Varennes.

semble que les bâtiments-écrans soient rares, à cause de l'ombrage qu'ils occasionnent et de la formation des « bancs de sillage » et du ravalement de la neige en hiver.

C'est l'hiver qui a imposé à la grange-étable une telle grandeur. Elle frappe tellement par ses dimensions que le géographe Pierre Deffontaines compare sa haute charpente intérieure aux voûtes des cathédrales. Si elle est si vaste, c'est que les animaux doivent y séjourner six mois, parfois sept, et qu'il faut y emmagasiner le fourrage propre à leur alimentation. Un boeuf peut hiverner avec 40 bottes de paille et 50 de foin, mais un bon cheval de travail consomme 300 bottes de foin et 25 minots d'avoine[2].

La longueur de l'hiver contraint l'habitant à ne garder que le nombre de bêtes à cornes suffisant pour la consommation familiale de lait et de viande. Le journal *Le Canadien* écrit en 1807: « Les habitants ne peuvent élever d'animaux qu'autant qu'ils ont de fourrage pour les nourrir pendant tout ce temps qu'ils sont obligés de les tenir dans des étables. De là vient que ce pays ne saurait jamais être abondant en viande de boucherie[3] ». Trente ans plus tard, *Le Glaneur* reprend cette assertion: « Le cultivateur canadien s'occupe à peine de l'éducation des animaux, qu'il n'a presque nulle part en grand nombre, de vaches surtout, dont il ne tire que le parti le plus médiocre. Il n'imagine même pas qu'il lui soit possible d'en avoir davantage parce qu'il ne voit pas comment il pourrait les nourrir[4] ».

La laiterie

Pas très loin de la maison et près d'une source d'eau fraîche, comme le puits ou le ruisseau, se trouve la laiterie: « Une des pièces qui exige le plus de soin, puisque de sa bonne construction et de sa position avantageuse dépend le produit plus ou moins abondant des laitages[5] ». Une bonne laiterie est bâtie d'une manière telle que sa température se maintient à peu près égale tout au long de l'année, plus précisément entre 8° et 10° Réaumur. « C'est à ce point que la crème se sépare du lait convenablement. En effet, s'il fait plus chaud, le lait ne tarde pas à cailler, donne très peu de crème, et est à peu près perdu, du moins il est réduit à très peu de valeur. Si, au contraire, la

température n'est pas assez élevée, la crème emploie trop de temps à monter, elle se dégage mal, et a le temps de contracter une saveur amère qui nuit au bon goût du beurre[6] ». Construire une bonne laiterie dans la vallée du Saint-Laurent constitue donc un défi.

On choisit d'abord son emplacement avec soin, à l'ombre de la maison, d'un bâtiment plus grand ou d'un bouquet d'arbres. « Les uns la placent dans une cave, les autres au centre d'un vaste bâtiment, et quelques-uns au-dessus d'un ruisseau[7] ». Quoiqu'il s'en trouve faites de bois, la meilleure laiterie est de pierre blanchie à la chaux. En été, on dit que la pierre est plus fraîche que le bois et le blanc réfléchit la lumière. Pour l'isoler davantage, on laisse parfois courir des plantes grimpantes sur les murs extérieurs ou on la recouvre de « sapinages ». Pour éviter que ne se développent l'humidité et la moisissure, il faut l'aérer de temps à autre. L'été, la nuit, pendant les grandes chaleurs, on garde ouvertes la porte et la petite fenêtre, en prenant soin cependant de couvrir les plats contre les insectes.

La laiterie est le domaine de la femme. Chaque jour, elle s'y rend pour couler le lait, l'écrémer ou préparer le beurre. Le lait frais est mis à reposer dans les terrines déposées sur les nombreuses tablettes fixées au mur. Ces contenants sont tous largement évasés, afin que la crème s'élève plus facilement à la surface[8]. La seconde opération consiste à recueillir la crème des terrines contenant un lait moins frais. On conserve la crème dans des jarres, des pots de terre profonds et dont la bouche est assez étroite pour être couverte. Il vaut mieux cependant ne pas attendre pour préparer le beurre, car plus la crème est conservée fraîche, plus le beurre sera délicat. Sans compter que dans une baratte, on y fait mieux le beurre quand on n'a à sa disposition qu'une petite quantité de crème.

De 1800 à 1850, la majorité des contenants utilisés dans la laiterie comme dans la cuisine sont faits de terre cuite par les potiers locaux. Mais le règne de la céramique artisanale s'achève. L'Angleterre a commencé à exporter massivement sa faïence, qu'on appellera ici « vaisselle blanche ». En 1828, à Baie-Saint-Paul, un bail à ferme spécifie que la laiterie est garnie « de bolles blanches pour le lait au lieu de terrines habituellement utilisées[9] ». La ferblanterie commence également à concurrencer la poterie. En 1831, un spécialiste agricole, Joseph-François Perrault, déconseille l'utilisation de contenants de terre dans la laiterie. « On aura attention, écrit-il, de ne point se servir de terrines vernissées du pays, de s'en procurer de fer-blanc, dont le fond n'excédera pas six pouces (15 cm), et quinze dans le haut[10] ». Le journal *Le Glaneur*, de Saint-Charles-sur-Richelieu, insiste par contre pour que la poterie locale soit conservée: « Les terrines sont bien mieux en terre qu'en fer-blanc; les vases métalliques étant sujets à s'oxyder et à produire des accidents fâcheux ». Mais, à compter de 1840, faute de pouvoir écouler leurs produits en quantité suffisante, les potiers commencent à délaisser leur métier, car il deviendra de plus en plus difficile d'en vivre.

Conserver le lait tient souvent de la plus grande habileté. L'hiver, il cherche à sûrir; l'été, à cailler. En juillet et août, quand reviennent les temps chauds, la mauvaise qualité du lait cause un grand nombre de morts d'enfants, particulièrement de ceux âgés de moins d'un an. Plus tard, au cours du siècle, les travaux du savant français Louis Pasteur le démontreront: un lait de vache vieilli peut contenir des micro-organismes capables de transmettre les maux les plus graves, dont la diarrhée et la gastro-entérite.

Le hangar à bois et le fournil

Outre une grange-étable et une laiterie*, la ferme possède aussi un hangar à bois qui doit pouvoir contenir les 25 à 30 cordes de bois nécessaires pour passer l'hiver**. À mi-chemin entre la maison et la grange se trouve le fournil, ce petit bâtiment où les membres de la famille déménagent à la fin du printemps pour y vivre tout l'été. C'est la maison d'été. L'hiver, il sert d'atelier pour le cultivateur ou de remise. On le remplace parfois par la « cuisine d'été » ou « bas-côté », petit bâtiment rattaché au corps principal du logis par un mur mitoyen. Il est intéressant de noter que le fournil s'est avéré une dépendance si pratique qu'on le retrouvera souvent au village dans chaque fond de cour.

* On ne trouve pas de laiterie sur chaque ferme. Certains conservent le lait dans une dépense froide, sous la margelle du puits ou dans le ruisseau.

** Il s'agit ici de la « petite » corde de bois, celle mesurant 8 pieds de long, quatre de haut et un de large. La véritable est quatre fois plus large.

Une oeuvre d'Edmond-J. Massicotte

Le four à pain

On a écrit que, par crainte des incendies, on préfère éloigner le four à pain des dépendances et le construire à l'écart, dans la cour. Il semble cependant que certains aient réussi à maîtriser la situation, des fours ayant été construits à l'intérieur du fournil, adossés à l'âtre des gros travaux. Quoi qu'il en soit, on fait le four à pain le plus souvent au moyen d'argile, car ce matériau dégage une chaleur « plus égale », dit-on, que la brique ou la pierre. Et c'est dans ce petit four à dos rond que, le beau temps revenu, une fois la semaine, la ménagère cuit son pain.

Dans certaines régions comme celle qui regroupe Berthier, Saint-Cuthbert et Saint-Barthélemy, situés sur la rive nord du lac Saint-Pierre, la construction des fours à pain, comme celle des puits, d'ailleurs, donne aux habitants l'occasion de faire preuve d'un esprit d'imitation qui ne laisse pas d'étonner les voyageurs. « Pendant une certaine distance, écrit l'un d'entre eux, tous les fours sont couverts et tous les puits sont entourés de la même manière; plus loin, cette manière pour les puits, les fours, etc., est différente de la première; plus loin encore, vous voyez une autre méthode généralement suivie[11] ».

Des études plus poussées nous montreraient peut-être que ces variantes locales ou régionales dans les manières de construire les fours à pain tiennent aussi au travail des « faiseurs de fours ». Des artisans faisaient profession de construire des fours, étaient connus à la ronde et acquéraient parfois une renommée régionale. Peut-être faut-il se garder alors de prendre pour de l'esprit d'imitation ce qui ne serait que la simple répétition d'une technique, d'un style, de la part d'un même artisan, à l'échelle d'une région?

Le rucher

Rares sont les fermes qui possèdent quelques ruches. Il ne s'en trouve qu'à Montréal, à Longueuil et à Boucherville[12]. Ce sont surtout des ruches de paille ou de bois, que tout habitant peut faire chez lui. Les journaux s'étonnent de voir l'apiculture aussi peu répandue. « Les enfants et les femmes suffisent pour tous les travaux qu'elle exige. Rien n'est plus facile et moins dispendieux. En Angleterre, on s'applique depuis longtemps à les multiplier. Dans l'Empire de la Chine, une quantité prodigieuse de familles n'ont d'autres ressources pour vivre que le produit de leurs ruchers établis sur des bateaux le long des fleuves. Ces familles elles-mêmes n'ont point d'autres demeures, ni d'autres propriétés. On dira peut-être que notre climat est trop dur et on se trompe. On élève des abeilles en beaucoup d'endroits plus septentrionaux que le Canada, en particulier dans des parties de la Russie, où l'hiver est encore plus long et plus rigoureux que le nôtre. Nous en avons déjà assez communément dans nos bois qui résistent à nos hivers, se propagent, se multiplient et s'établissent dans le creux des arbres où nos bûcherons les trouvent souvent pendant l'hiver et profitent de leurs dépouilles[13] ».

Le cheval

La longueur de l'hiver force le cultivateur à ne garder que bien peu de bêtes à cornes. Mais on trouve un grand nombre de chevaux. Au point qu'on aime se servir beaucoup plus du cheval que de tout autre animal domestique. Sauf dans les territoires de colonisation, où l'on préfère recourir à la force supérieure du boeuf, le cheval est omniprésent. Il est de toutes les circonstances. On l'attelle pour la moindre sortie. Il accompagne, par exemple, ceux qui courent la guignolée ou le Mardi gras. Le curé l'utilise pour porter le viatique ou faire sa visite de paroisse; l'habitant, lui, pour aller à la veillée ou faire son bois de chauffage en hiver. Le cheval sert aux labours[14], au hersage et à la récolte. Il tire la calèche des nouveaux mariés ou le « chariot » (corbillard) du dernier repos. Il aide à la récolte de la glace. Avec les hommes, il monte dans les chantiers. À Rivière-Ouelle, lors de la pêche aux marsouins, des chevaux hissent sur le rivage les marsouins morts[15]. À Saint-Denis-de-Richelieu, ils actionnent le moulin à carder[16]. Dans les Bois-Francs, le cheval pétrit et mélange sous ses sabots l'argile qui servira à la construction du four à pain[17].

Sans enlever au boeuf ses qualités de force, d'économie de soins et d'aliments, le cheval, à la vérité, est le seul animal de

trait vraiment adapté au climat de la vallée du Saint-Laurent. En hiver, il peut se déplacer même dans les hautes neiges molles, alors que le boeuf, aux pattes trop courtes, « flotte » et se retrouve immobilisé.

Le Québécois a la passion du cheval. « Il n'y a point d'habitants, écrit le journal *Le Canadien*, qui n'aient trois ou quatre chevaux ». Certaines familles en comptent même cinq ou six. On n'hésite pas à payer le prix fort pour acquérir un bon trotteur et chacun rêve de posséder le cheval le plus rapide de la paroisse. « Chaque garçon qui a la force de manier un fouet a le sien, écrit le même journal. Il n'est point de garçon d'habitant qui ne vole son père pour donner de l'avoine ou d'autres grains à son cheval, afin qu'il soit gras et vif[18] ». Le dimanche après-midi, les habitants des rangs d'en arrière prennent plaisir à descendre fièrement le grand rang avec un cheval bien attelé. Les lieux ne se comptent plus où, hiver comme été, sur glace comme sur terre battue, on organise des courses de chevaux.

Cette « manie » du cheval, plusieurs dirigeants politiques s'en plaignent. Pour eux, il s'agit là d'un luxe, d'une vanité, qui coûte fort cher et il vaudrait mieux se préoccuper d'élever plus de bêtes à cornes de race améliorée. Mais le cheval est arrivé pour rester. À Montréal et à Québec, chaque fond de cour a son écurie. Le cheval devient le meilleur allié de l'épicier, du laitier, du boulanger et des marchands. On ouvre des marchés à foin aux quatre coins de la cité et d'immenses voyages de foin sillonnent quotidiennement les rues dans tous les sens. Dans les villes, le foin a précédé le pétrole.

Le porc et le mouton

Le cultivateur élève aussi quelques porcs, car la viande qu'ils produisent, d'une haute teneur en calories, est celle que l'on préfère à toute autre. On la consomme rôtie, bouillie ou sous forme de lard salé, de jambon, de boudin, de saucisse et autres charcuteries réputées, comme les « cretons » et la « tête fromagée ». Le cochon se mange de la tête à la queue, y compris les oreilles et les pieds. Et pas une once de graisse ne doit se perdre; on n'en connaît pas de meilleure pour donner du goût aux

beignes et aux croquignoles. Lors des grandes boucheries du début de décembre, il se tue plus de porcs que d'animaux de toute autre espèce.

Lorsque l'habitant élève le mouton, ce n'est pas tant pour s'en nourrir, car il n'a jamais raffolé de sa viande, que pour s'habiller de sa laine. Pour la lutte contre le froid, le mouton devient ainsi un auxiliaire précieux.

Le cheval des Perron, à Cap-aux-Oies.

L'utilité du cheval

Au 19e siècle, le cheval est le grand moyen de déplacement dans les villes. Il suffit pour s'en convaincre de voir jusqu'à quel point la vie s'en trouve paralysée lorsqu'une grave épizootie frappe les chevaux. Ce fut le cas à Montréal à l'automne de 1872. Le 24 octobre, la *Gazette des campagnes* décrit la scène: « Depuis sept ou huit jours, une épidémie s'est déclarée parmi les chevaux à Montréal. Elle a fait de tels progrès que la très grande majorité de ces animaux sont malades. Hier surtout les rues étaient désertes et l'on ne voyait qu'à de rares intervalles un petit nombre de voitures faisant les trajets accoutumés. Il était presque impossible de se procurer des voitures pour transporter le bois de chauffage, mouvoir les marchandises, etc. Les étables du Grand Tronc (la grande compagnie de chemin de fer) sont restées fermées, en sorte que le fret destiné au chemin de fer est resté à s'accumuler dans les entrepôts. La compagnie des chars urbains a cessé le service ce matin, plus de cent de ses chevaux étant atteints de l'épidémie. Les rues présentent aujourd'hui un aspect absolument désert et il faut chercher longtemps pour trouver un cocher. Nous savons qu'un bon nombre de chevaux sont déjà morts, surtout ceux appartenant à la classe pauvre, ce qui est encore plus malheureux, puisque les moyens d'existence manquent au moment où ils vont être plus nécessaires. Il doit y avoir aujourd'hui plus de mille chevaux atteints de la maladie en ville. Elle se répand aussi dans les campagnes d'alentour. »

La charrue à rouelles

Dans la vallée du Saint-Laurent, le laboureur utilise la charrue dite « à rouelles », car elle repose sur deux roues attachées à une poutre. C'est même la seule forme de charrue que l'on connaisse. On s'en sert depuis les premiers jours de la Nouvelle-France. Champlain, tentant de convaincre ses compatriotes d'émigrer en ce pays, souligna même à sa manière l'événement du premier labour à la charrue à rouelles. « La terre, écrit-il, fut entamée avec le soc et les boeufs le 27 d'Avril 1628. Ce qui montre le chemin à tous ceux qui auront la volonté et le courage d'aller habiter, que la mesme facilité se peut espérer en ces lieux comme de nostre France, si l'on en veut prendre la peine et le soing... »

Le versoir de la charrue, appelé « l'oreille », est fait de chêne ou d'orme, des bois qui peuvent résister à de multiples labours. On doit recourir à un ouvrier spécialisé pour fabriquer l'oreille, car la qualité du labour dépend de sa forme. Chaque paroisse ne compte pas nécessairement un artisan capable d'exécuter ce travail. Souvent on s'en remet à un cultivateur dont la dextérité manuelle est connue à des kilomètres à la ronde. Quant à la pointe de l'oreille, elle reçoit le soc de fer fabriqué par le forgeron du village.

Jugée « assez convenable » par un expert anglais en 1816, la charrue à rouelles n'est pas d'un maniement facile. Elle est à elle seule presque un équipage et il lui en faut long pour tourner. Dès lors, il n'est pas rare que les boeufs et les chevaux s'empêtrent dans leurs « cordeaux ». De plus, quand la terre est lourde et boueuse, elle colle à l'oreille; il faut donc s'arrêter de temps à autre pour nettoyer cette dernière.

Georges Bouchard, *Vieilles choses, vieilles gens* (1926): 143; Nora Dawson, *La vie traditionnelle à Saint-Pierre (Ile d'Orléans) (1960): 55; Louise Dechêne, Habitants et marchands de Montréal au XVIIe siècle* (1974): 307; R.-L. Séguin, *La civilisation traditionnelle de l'habitant aux 17e et 18e siècles* (1967): 152-155.

La maison Gosselin, à
Saint-Jean-Chrysostome.

La maison

La maison québécoise de la première moitié du 19e siècle atteint un certain état de perfection. Après 200 ans de tâtonnements, d'expériences, d'échecs et de réussites, on semble avoir trouvé une demeure appropriée au climat. Comme on habite une contrée humide aux précipitations abondantes, on creuse une cave, on surélève les fondations, on incline fortement le toit, et un larmier plus long protège de l'eau les fondations et abrite la galerie. Contre le froid, on lambrisse les murs, on double les portes et les fenêtres et, surtout, on chauffe au moyen d'un poêle en fonte à feu fermé.

De 1800 à 1850, à la ville, l'utilisation du fer-blanc et de la tôle pour recouvrir les toits se généralise. Durant les années 1830, certains commencent même à enduire leurs toits de « *coaltar* », un goudron provenant de la distillation de la houille, au moyen d'un procédé mis au point par les Anglais. Les journaux du temps vantent ce nouveau produit. « Cet enduit est peu cher, très propre et même préférable à la peinture à l'huile et à l'ocre, soit pour la beauté, soit pour la durée. Quelques-uns après avoir posé ce goudron y saupoudrent du sable qui s'y incorpore tant bien que mal[1] ». Mais ces manières de couvrir n'ont pas encore vraiment touché la campagne et on continue partout de recourir aux planches à couvre-joints ou aux bardeaux de cèdre ou de pruche[2]. La forte inclinaison du toit empêche la neige de s'y accumuler l'hiver et permet au revêtement de bois, l'été, de s'assécher plus rapidement.

Pour recouvrir le toit des dépendances, on préfère souvent utiliser la paille, un matériau plus économique que le bois. La paille de blé coiffe les versants du toit, alors que celle du seigle, plus longue et plus souple, est ordinairement réservée aux larmiers. Le long du Saint-Laurent, particulièrement autour du lac Saint-Pierre, on se sert aussi de l'« herbe à liens » (spartine pectinée), une plante qui pousse abondamment sur la portion des rivages sujette aux crues du printemps; cette plante sert également pour lier les bottes au temps de la moisson. Deux bons « couvreurs de paille » mettent dix heures à coiffer le versant d'une grange long de 16 mètres et large de 6. « Exposé aux intempéries, le chaume ne tarde pas à verdir et à se couvrir d'une mousse qui le protège de la pluie et de la neige[3] ».

Mais les toits en paille ont mauvaise presse. On les juge peu

Magnifique aquarelle de James Peachey datée de 1785 et intitulée « A view of the bridge built over the Berthier river by order of General Haldimand in 1781 ». Beaucoup de ces petits ponts ont été construits dans la vallée du Saint-Laurent entre 1780 et 1820. À noter, à gauche de l'illustration, deux petits « bâtiments » couverts de chaume. Dans la région du lac Saint-Pierre, il s'agissait là d'une manière de couvrir très usitée.

durables et « exposés à l'incendie[4] ». En plein été, en temps d'orage, ils seraient de véritables appels à la foudre. « Ne devrait-ce pas être une raison pour les habitants aisés, écrit un voyageur, de couvrir leurs granges en planches dans tous les endroits où ils peuvent s'en procurer, surtout le long des rivières où cela doit être plus facile et où on est plus souvent exposé à ce malheur. Cette précaution pourrait les garantir d'accidents qui se renouvellent presque tous les ans, dans un endroit ou dans un autre, et ruinent souvent des particuliers ou au moins font un tort considérable à leur fortune[5] ».

Contrairement aux maisons de nombreux pays froids, comme l'Islande et les régions montagneuses de l'Europe, où l'on a réduit les portes et les fenêtres en nombre et en grandeur, la maison québécoise est largement ouverte sur l'extérieur et la lumière du jour y entre à profusion. Une maison bâtie en 1800 est plus grande et compte deux fois plus d'ouvertures que celle construite un siècle auparavant. « On peut affirmer, après observation, que le nombre de baies de la maison d'esprit français, limité entre 8 et 10, passe dans le modèle québécois de la première moitié du 19e siècle à 20, pour atteindre une trentaine vers 1880 (en incluant les portes)[6] ». C'est là l'indice d'un confort qui va s'accroissant malgré les hivers rudes. L'amélioration des techniques de construction et du mode de chauffage ont permis l'augmentation du volume de la maison et la multiplication des fenêtres.

Dans la région de Québec, la maison et les dépendances sont blanchies à la chaux. « Cet usage allie la propreté à l'économie et donne aux demeures de ces habitants et à la campagne en général un aspect beaucoup plus riant et beaucoup plus agréable[7] ». Sur la Côte-de-Beaupré, la couleur blanche tranche d'autant plus qu'on peint de noir les linteaux de porte et de fenêtre[8]. L'été, on suspend « des pots de fleurs, entourés de lianes grimpantes qui rappellent, dit un voyageur anglais, les provinces d'Italie ou de la France méridionale[9] ».

Plus à l'ouest, de Berthier à Lachenaie, sur la rive nord du Saint-Laurent, les maisons et les dépendances sont rouges ou jaunes[10]. C'est que plusieurs habitants délayent dans l'eau, le lait et le lessi, un sable jaune, commun dans cette région et riche en oxyde de fer. (Il s'agit d'une des formes de dépôts laissés par le retrait de la mer Champlain). Selon que l'oxyde est précédemment chauffé ou non, le produit prend une couleur « rouge agréable » ou « approchant le jaune ». En 1829, le village de Saint-Paul de Lavaltrie « commence déjà à être décoré des couleurs de cet ingrédient peu coûteux, qui tient fortement aux bâtisses et préserve bien le bois des injures et des rigueurs du temps ».

La plupart des façades principales donnent au sud pour bénéficier du maximum d'heures d'ensoleillement durant une journée. Cette recherche d'ensoleillement est si vraie que même les habitations bordant un chemin de pénétration se plient à cette nécessité et s'alignent perpendiculairement à la route. À Saint-Didace de Maskinongé, à Mont-Carmel de Kamouraska, de Saint-Flavien de Lotbinière à Dosquet, on trouve de nombreux exemples de cette manière de faire.

La porte avant, l'entrée principale, ne sert qu'exceptionnellement. C'est par cette porte qu'on sort le corps des personnes décédées ou qu'entre le curé pour sa visite de paroisse. Le plus souvent, on la condamne en hiver. La porte du bas-côté ou la porte arrière est celle de la vie quotidienne, de l'amitié. Faire entrer un visiteur par la porte de côté ou arrière est le signe d'une hospitalité parfaite[11]. Le nouveau venu, ignorant de ce protocole, qui se sera présenté par la porte avant, sera plus tard invité à repartir par l'autre. S'il fait fi de cette invitation et persiste à vouloir sortir par la porte avant, c'est qu'il aura lui-même voulu établir ses distances et sera jugé comme un simple étranger. Il est vrai cependant que, d'après l'adage, il est de mauvais augure d'entrer par une porte et de sortir par l'autre.

La cuisine

Quoi qu'il en soit, qu'on entre par une porte ou par l'autre, on pénètre directement dans la pièce principale, la cuisine. C'est la salle commune, le lieu de séjour du plus grand nombre en hiver. Elle occupe au moins la moitié de la surface du rez-de-chaussée. « Dans nos maisons rurales, il est d'usage que la famille se réunisse et passe presque tout son temps libre dans la cuisine. Cette pièce sert à tous les usages possibles et impossibles: c'est la cuisine, la salle à manger, la buanderie, c'est, en un

Les maisons bâties au 19e siècle comptaient deux fois plus d'ouvertures qu'au siècle précédent.

mot, la chambre à tout faire[12] ». Ici, se prennent les repas et se passent les heures de repos. Les femmes filent, tissent, tricotent et cousent. Les voisins viennent jaser le soir et fumer la pipe. Véritable chantier alimentaire après les grandes boucheries du début de décembre, alors qu'on doit préparer toute la nourriture du temps des fêtes, la cuisine accueille par la suite la parenté et les amis qui s'amènent à la veillée pour chanter, danser, rire et boire.

Le poêle

Le meuble le plus important est le poêle en fonte, le plus grand progrès technique depuis 1700. À l'origine, les colons français, qui ignoraient tout de ces feux fermés en usage dans les pays du nord de l'Europe, se chauffaient avec un foyer à tirage. Mais la chaleur d'un foyer, très localisée quand elle n'est pas tout simplement aspirée par le tirant d'air de la cheminée, ne suffit pas pour pallier les rigueurs du climat. Un foyer ne réchauffe pas vraiment; seul un poêle peut le faire.

Les premiers poêles sont de tôle, de brique ou de pierre, surmontés d'une plaque de fonte. On les monte chaque automne au centre de la pièce, pour les enlever le printemps suivant. À compter de 1750, alors que les Forges du Saint-Maurice peuvent assurer un approvisionnement continu, l'usage du poêle en fonte se généralise. Dans une pièce, celui-ci irradie la chaleur par toutes ses faces. Et plutôt que de laisser l'air chaud s'engouffrer immédiatement dans la cheminée, on fait courir des tuyaux dans d'autres pièces de la maison, ce qui répartit mieux la chaleur. Cette innovation modifie les manières de vivre. La maison s'agrandit, les fenêtres se font plus nombreuses. En hiver, les membres de la famille n'ont plus à se regrouper tous devant le foyer pour dormir; l'habitant qui avait fait de la cuisine son atelier, peut maintenant, grâce à un poêle, travailler dans la « boutique », le fournil ou la cuisine d'été. L'homme apprend à domestiquer l'hiver.

Néanmoins, la ménagère utilise toujours le foyer pour préparer les repas. Puis de 1770 à 1780, on met en vente les premiers poêles à deux ponts, qui sont en fait des poêles à chauffer à six plaques surmontés d'un four où s'effectue la cuisson des aliments. Durant le demi-siècle qui suit, il se produit probablement une révolution dans la manière de cuisiner. Fini le temps du gril, des landiers, de la broche à rôtir et de la crémaillère. Marcel Moussette, spécialiste de l'histoire du chauffage domestique, écrit: « On peut supposer aisément que le passage de la cuisson dans l'âtre à la cuisson sur un poêle a eu des conséquences énormes sur la façon d'apprêter les aliments. Et il se pourrait bien que ce changement technologique explique le fait que si peu de mets préparés durant le régime français aient survécu dans notre tradition culinaire jusqu'au 20e siècle[13] ».

Bien qu'il soit possible d'en importer, ces poêles à deux ponts sont presque tous fabriqués aux Forges du Saint-Maurice ou à la fonderie de Batiscan. Leur prix élevé fait que beaucoup préfèrent les louer à l'automne pour les rendre au printemps, plutôt que d'en être propriétaires. On les dit de bonne qualité, « beaucoup moins sujets à se casser par l'effet du feu que ceux qui s'importent d'Angleterre ou d'Écosse ». Mais ils ne sont pas beaux. Plusieurs le notent, même si en 1825 un journal montréalais laisse entendre que « pour ce qui regarde la manufacture des poêles, on donne présentement, à ce qu'il nous semble, plus de poli et de beauté qu'on ne faisait ces années passées[14] ». À la vérité, à l'heure où il devient plus facile de comparer, la beauté d'un objet commence à compter au même titre que son utilité. Joseph-Charles Taché, secrétaire du comité canadien à l'exposition universelle de Paris en 1855, ne comprend pas qu'on se soit si peu soucié d'embellir les articles de fonte. « La plupart des dessins d'ornements de nos objets de fonte, écrit-il, sont affreux, et le poids de nos articles est, en termes généraux, trop considérable. Si on dépensait la valeur surabondante de matière première employée à mettre un peu de goût dans les dessins d'ornementation, on produirait des articles supérieurs de tous points et à meilleur marché... En fait de fonte, il ne coûte guère plus de faire du beau que de produire du très laid. On a fort bien senti cela partout. Savoir joindre l'utile à l'agréable est le dernier mot des progrès matériels[15] ».

L'hiver, l'habitant de la vallée du Saint-Laurent met son poêle à deux ponts* à rude épreuve et surchauffe sa maison. La femme du gouverneur du Canada, Lady Aylmer, écrit en 1831 que la chaleur dans les maisons atteint « un degré supportable par peu d'Européens ». L'arpenteur Joseph Bouchette ajoute

* Il s'en trouvera à trois ponts à partir des années 1850. Mais on répétera dans les campagnes que ce type de poêle, une invention typiquement québécoise, qui comprend un foyer et deux fours superposés, chauffe mal. Quant aux cuisinières à bois, elles sont apparues aux États-Unis vers 1815 et ne gagneront réellement la vallée du Saint-Laurent qu'au tournant du siècle.

La maison Firmin Asselin, à Sainte-Famille de l'Ile d'Orléans. Aujourd'hui disparue.

que la température peut s'élever jusqu'à 90° F (32° C). Vingt ans plus tard, on répète que les maisons sont gardées très chaudes et très fermées en hiver. Il faut donc beaucoup de bois et la boîte à bois, près du poêle, contient la ration quotidienne de combustible. Souvent c'est le « cabanon* », sous les marches de l'escalier montant à l'étage supérieur, qui sert à cet effet. Certaines familles rangent là aussi « le quart-à-drague où sûrit la pâture des cochons à l'engrais[16] ». En hiver, la tâche de rentrer le bois revient aux garçons. Ils s'y prêtent d'ailleurs avec beaucoup de joie, farauds qu'ils sont de pouvoir faire la navette entre le hangar à bois et la maison, les bras chargés de bûches.

* Aussi appelé « cabaneau » ou « cabareau ».

La table

Dans une cuisine québécoise, une longue table rectangulaire ne serait que pur embarras, car il faut pouvoir disposer de beaucoup d'espace pour mener certains travaux domestiques ou faire la fête. Aussi la table est à trétaux, à abattants ou à panneaux et on peut facilement la ranger le long d'un mur, l'heure du repas terminée. Les plus jeunes enfants ne mangent pas toujours à la table principale. Il arrive même qu'ils ne peuvent le faire avant d'avoir franchi l'étape de la première communion[17]. À Saint-Justin, chez les Casaubon, les enfants s'attablent à un panneau fixé au mur près de la fenêtre. Ailleurs, ils prennent leur repas à une table plus basse ou « sur le billot** ».

** Partie du tronc d'un gros arbre qui, sciée à l'horizontale, sert de table, de chaise ou d'appui pour hacher la viande. Il peut se trouver plusieurs billots dans une cuisine, qui suppléent alors au petit nombre de chaises.

L'armoire

Dans le coin, la grande armoire à deux portes est le lieu de rangement de la vaisselle en céramique ou en étain. Chez les plus riches, on y retrouve de la faïence blanche ou bleue importée d'Angleterre et des ustensiles d'argent. Sur les tablettes du bas reposent les nappes de toile, les linges de vaisselle, les serviettes, les draps et les taies d'oreiller. Il arrive que la grande armoire soit construite de toutes pièces à l'intérieur de la maison, sans égard à la dimension des portes et des fenêtres. Alors, quand vient le temps de déménager, comme il n'y a pas d'issue assez large pour la sortir de la maison, on la laisse sur place.

D'autre fois, on l'assemble au moyen de chevilles de bois, ce qui permet de la démonter en panneaux, s'il faut partir. Chaque maison ne possède pas son armoire. Une étude menée sur l'état de 17 maisons de l'Ile d'Orléans au début du 19e siècle montre que seulement cinq d'entre elles disposent d'un tel meuble[18]. En fait, on remplace souvent l'armoire par un buffet à deux vantaux surmontés de deux tiroirs.

La berçante

Dans la maison québécoise, les sièges sont divers. On peut s'asseoir sur la chaise, le banc, le « billot », le coffre et même la huche à pain. Mais le plus aimé est la « chaise berçante », ou « berceuse », un nouveau meuble apparu aux États-Unis vers 1780 et introduit dans la vallée du Saint-Laurent par des émigrants américains. « Jusqu'en 1830, elle ne se trouve surtout qu'en milieu urbain, mais par la suite, elle connaît une diffusion plutôt phénoménale: dans chaque maison rurale, dans chaque foyer on en compte plusieurs spécimens[19] ». En fait, il semble que nul siège n'ait mieux répondu aux attentes de la population de la vallée du Saint-Laurent. Dans la région de Charlevoix et sur la Côte-du-Sud, où les hivers sont rudes et longs, il n'est bientôt pas rare d'en retrouver une dizaine dans la maison: trois ou quatre dans la cuisine, les autres dans les chambres[20].

Fauteuil berçant datant de 1850.

C'est le fauteuil, quasi le véhicule, de la vie domestique. Les vieux y passent le plus clair de leur temps. D'autres l'empruntent pour peler les pommes de terre, écosser les pois, confectionner les chapeaux de paille, recoudre un harnais ou foncer une raquette. À propos de tout et de rien, on se tire une chaise berçante « au ras du poêle ». Quand surgit le conteur, le soir, à la veillée, on rassemble vitement les chaises berçantes autour de lui.

Certaines berçantes ont des fonctions spéciales; ainsi y a-t-il celle du curé, de la « visite » et celle de la mariée. Parfois une seule chaise remplit toutes ces fonctions, parce qu'elle est plus belle que les autres. Dans les familles de condition modeste, on laisse la berçante la plus neuve dans la grande chambre, pour ne la sortir qu'en de rares occasions. Il arrive que l'on ait recours au voisin et qu'on lui emprunte sa plus belle berçante pour y

On se berce beaucoup à l'Isle Verte...

« On peut dire que tout adulte se berce régulièrement. Quand? Quand il a une minute de répit; il se bercera en attendant son petit déjeuner; après ce repas, il se bercera encore en attendant de partir travailler aux champs; s'il visite un voisin dans la matinée et qu'il soit en bons termes avec ce dernier, il acceptera la berceuse qu'on lui tend et se bercera encore un peu; en attendant le déjeuner, berceuse encore. Après le repas, s'il ne fait pas la sieste, il se bercera; si un étranger vient à la maison, ce sera l'occasion de fumer une pipe en se berçant. Tous les instants qu'il aura de libres, il les emploiera à se bercer; il va sans dire qu'après le dîner surtout et pendant la soirée, la berceuse sera le passe-temps tout trouvé. Chaque cuisine en compte plusieurs; le père et la mère en ont évidemment chacun une; s'il y a d'autres adultes, ils auront aussi leur chaise berceuse; si les plus jeunes s'en servent pendant que les plus vieux sont absents, vite ils les cèdent quand ils arrivent. Le visiteur que l'on veut honorer aura sa chaise berceuse dans le milieu de la cuisine et près du crachoir. Les loisirs sont ordinairement employés à se bercer. Dans l'après-midi on fait beaucoup la sieste. Si la position de la pièce le permet, les berceuses seront postées près des fenêtres; dans une cuisine que nous avons souvent visitée, le père et la mère avaient chacun une berceuse près d'une fenêtre de la cuisine et passaient une bonne partie de la journée à se bercer. La femme, qui travaille en général plus que l'homme, ne se berce pas aussi souvent que lui; dans la matinée, elle ne se berce presque jamais, si elle a une famille en bas âge; les femmes plus âgées ont plus de temps et donc se bercent davantage; dans l'après-midi et en soirée, les berceuses sont en pleine activité; c'est un passe-temps à la portée de toutes les bourses et auquel tous les membres de la famille s'adonnent. Il faudrait analyser l'effet que le rythme de la berceuse a sur l'esprit de ceux qui y sont soumis; c'est une occupation qui, semble-t-il, occupe à la fois le corps et l'esprit et a un effet des plus rassérénants et lénitifs; il semble, à voir les gens se bercer, qu'aussitôt assis dans leur chaise, leurs soucis et leurs pensées s'envolent. Il semble que l'esprit, endormi par le rythme de la berceuse, devient moins angoissé; les pensées tristes qui peuvent l'assiéger se dissolvent. »

« Finalement, la berçante a participé de très près à la vie quotidienne des Québécois. On s'est servi de son mouvement pour filer la laine, brasser le beurre et trier les pois. On l'a tellement personnalisée qu'elle a parlé aux vivants. On l'a intégrée à tous les principaux événements ou rites de la vie: elle a calmé ou endormi l'enfant, elle a favorisé les confidences amoureuses, elle a servi de « butin » à la mariée, elle a enfin mené les « vieux » au seuil de l'autre vie. Liée au repos hivernal de l'homme actif, témoin muet de la suite des dures saisons, complice de la somnolence, la berçante a surtout traduit l'hospitalité traditionnelle des Québécois. Souvent fabriquée tout en rondeur, ornée de coeurs ou de spirales, munie d'accoudoirs chaudement usés, garnie enfin de coussins moelleux, elle fut le meilleur siège de la maison, celui qu'on offrait avec plaisir au visiteur. »

Marcel Rioux, *La culture de l'Isle-Verte* (1954), 52-53. P.-L. Martin, *La berçante québécoise* (1973):123.

faire asseoir la mariée, le jour de ses noces. D'ailleurs, au moment des fréquentations, la jeune fille a souvent soin de choisir pour son amoureux une chaise mal équilibrée qui se déplace en berçant; c'est ainsi qu'à la fin de la soirée, le « berçage » aidant, les chaises se sont rapprochées l'une de l'autre.

Des bruits courent dans les campagnes au sujet de la berçante. On répète que plus d'un mort s'en sert pour communiquer avec les vivants. On a souvent vu un défunt ayant besoin de prières mettre en mouvement la berçante qu'il utilisait de son vivant. Et elle prédit même l'avenir. Si elle craque, c'est signe de temps froid le lendemain. Si elle se déplace en berçant, des visiteurs s'amèneront la journée même.

Le « banc à sciaux »

Tout près de la porte que l'on « barre » le soir avec un « coin » de bois, il y a le « banc à sciaux », où sont déposés les seaux d'eau fraîchement puisée au puits, à la source ou à la rivière. C'est la réserve d'eau potable de la journée et, chaque matin, on la renouvelle. Elle sert aussi à la toilette personnelle et à la lessive. Mais on préfère encore l'eau de pluie, recueillie dans un tonneau au coin de la galerie, pour se laver la tête ou cuire les légumes. Plus tard, vers 1870, dans la paroisse de Sainte-Scholastique, une des manières de fêter les quatre jours gras précédant le carême sera de remplacer l'eau fraîche des seaux par de la bière, chacun pouvant y puiser à plein gobelet[21].

Le balai

Bien qu'il s'en trouve parfois faits de branches de sapin, les meilleurs balais sont de cèdre. « Un balai de cèdre ne soulève pas la poussière et sent la forêt* ». Le voyageur Pehr Kalm note qu'on emploie le cèdre, « parce que ses aiguilles très serrées et ses branches en font un instrument commode[22] ». « Je me rappelle, raconte une paysanne de l'Ile d'Orléans, que ma mère nous disait: « Les petits enfants, en allant chercher les vaches demain matin, rapportez-moi un balai de cèdre[23] ». Pour fabriquer un balai, on enserre d'abord les branches avec une corde. On cherche ensuite à y faire entrer le bout pointu d'un manche,

* À noter qu'on nomme « cèdre » ou carrément « balai » le Thuya occidental. Le véritable cèdre est un arbre tout différent qui n'appartient pas à la famille du Thuya.

toujours le même, qui sert de fois en fois. Il faut prendre soin de bien l'enfoncer, de peur de se retrouver le manche à la main, le balai plus loin. Puis on écrase avec un maillet le bout des branchettes pour les rendre chevelues et souples. La fabrication et la vente de balais constituent une source de revenus pour des familles vivant à proximité des villes. Ainsi les Hurons de Lorette et les habitants du « Capharnaüm[24] », un faubourg de Charlesbourg, se présentent toutes les semaines aux marchés de Québec avec un lot de balais à vendre.

Les chambres

Outre la cuisine, le rez-de-chaussée compte deux, trois, parfois quatre chambres, la plus grande étant celle des parents. Il y a place également pour une ou deux chambres mansardées à l'étage. Mais les enfants ne vont dormir « en haut » que l'été; ce n'est que vers 1880 qu'on procédera à l'occupation définitive de l'étage.

Une chambre bien garnie comprend un lit, une chaise en guise de table de chevet, une grande armoire ou une commode à plusieurs tiroirs et un coffre. On utilise une grande variété de matières végétales pour bourrer le matelas: paille, « coton » de quenouille, aiguilles de pin, aigrettes d'asclépiade, enveloppes d'épis de maïs ou feuilles de zostère marine. Le « lit de plumes », matelas fait de plumes d'oie, de poule ou de perdrix, est loin d'avoir les faveurs de toutes les familles, car beaucoup le trouvent trop chaud en été. Sans compter qu'il n'est pas bon pour un malade d'y dormir, car la plume, dit-on, retient la fièvre. La literie se compose de deux draps de lin, remplacés en hiver par des draps de laine; un édredon, une douillette, un couvre-pied, une catalogne ou une courtepointe sert de couverture.

Au fil des siècles, le Québécois ne semble pas faire grand cas de sa couche. L'historien-archéologue Michel Gaumond et l'ethnologue Paul-Louis Martin notent qu'« il n'y a pas lieu de qualifier d'indigence ou de pauvreté l'absence de lit dans une maison », ajoutant que « l'ancien Canadien souvent s'enroulait dans une peau de bison (boeuf d'Illinois) pour dormir près du poêle[25] ». Au début du 20e siècle, un traité d'hygiène laisse croire que certains se couchent « tout ronds » et met en garde

L'heure

À partir de 1820, l'usage de l'horloge ou de la montre de poche gagne les campagnes; mais ce n'est là, pour l'instant, qu'un signe extérieur d'une certaine aisance rurale. Car durant la première moitié du 19e siècle, il n'est pas nécessaire de savoir l'heure exacte. Le chemin de fer qui imposera le respect fidèle de l'horaire, la royauté du temps, « ce bourreau implacable », n'est pas encore arrivé. Aussi, pendules, horloges et montres ne sont que fantaisies de luxe. Bien sûr, Michel-Hyacinthe Bellerose à Trois-Rivières, Joseph Balleray à Longueuil, ainsi que les frères Joseph et Russel Twiss à Montréal fabriquent des « horloges grand-père », mais leur clientèle se recrute parmi les plus riches.

L'habitant, lui, qui se lève à « l'heure des poules », s'en remet à la marche du soleil. Des marques faites au couteau sur les chambranles des fenêtres ou le pas de la porte d'entrée lui permettent, par exemple, d'affirmer qu'« il est midi moins deux doigts ». La maison elle-même sert de cadran, puisque la lumière du soleil entre par les ouvertures du côté sud, pendant la première moitié du jour, et du côté ouest, pendant l'autre moitié. « Quand le soleil était couvert, par habitude d'observation, on se trompait peu et rarement. » Sans compter que le bedeau qui, lui, dispose d'une montre sonne l'angélus du matin, du midi et du soir. Dans les villes de Montréal et de Québec, il n'en va pas autrement, sinon qu'on sonne en plus le couvre-feu. Parfois les agents du guet qui ont aussi pour mission d'allumer et d'éteindre les réverbères, clament l'heure à qui ne dort pas. Cela suffit.

L'éclairage à l'huile de loup-marin

En 1800, il n'y a que la lumière blafarde des bougies aux fenêtres des maisons pour éclairer, le soir, les rues de Montréal et de Québec. Celui qui sort a soin de se munir d'un fanal ou d'un falot dont la lueur, cependant, n'éclaire que sa foulée. En 1818, une centaine de lampes, activées à l'huile de loup-marin, de baleine, de morue et de marsouin, sont mises en place dans les deux villes et un nouveau métier voit le jour, celui d'allumeur de réverbères. Cet homme, agent du guet également, a pour mission d'allumer et nettoyer les lampes. Chaque soir, sa courte échelle sur l'épaule, son barillet d'huile à la main, il va de réverbère en réverbère, avec une lenteur méthodique, éclairer la nuit. De grand matin, dans les rues à peine éveillées, à l'heure où chante le coq, il reprend sa ronde, éteignoir en main, pour laisser place au jour.

Jusqu'en 1847, moment où Montréal et Québec se dotent d'un système d'éclairage au gaz, on consomme de grandes quantités d'huile. Mais ces huiles, sauf dans les régions où on se livre à la chasse à ces animaux, ne sont guère utilisées pour éclairer l'intérieur des maisons. Elles coûtent trop cher, fument beaucoup, encrassent les plafonds et répandent une odeur nauséabonde. Aussi leur préfère-t-on la bougie de suif, dite chandelle à l'eau, fabriquée à la maison après les grandes boucheries de décembre.

Aegidius Fauteux, « Comment on s'éclairait il y a un siècle », *Canadiana*, mars-avril 1940: 36-41.

Catalogne et courtepointe

La catalogne, généralement une étoffe née de l'assemblage d'une trame de tissus de couleurs variées sur une chaîne de coton, se retrouve dans toutes les paroisses du pays, en particulier sur la Côte-de-Beaupré et l'Ile d'Orléans. L'habitude de recourir à la catalogne pour couvrir les lits ou revêtir les parquets originerait d'Espagne et aurait été apportée à Lyon, puis en Normandie, par des mercenaires français guerroyant sous la bannière des rois espagnols. La courtepointe, grande couverture piquée faite de plusieurs morceaux de tissus de différentes couleurs, viendrait de France. Durant la première moitié du 19e siècle, les courtepointes dites « à pois » et « à grains d'orge » fabriquées par les femmes de Berthier seraient parmi les plus belles produites dans la vallée du Saint-Laurent.

Voir Johanne Debien, *La maison: lit et literie* (1978): 12. Société Radio-Canada, Présence du passé, cahier no 5; *La Bibliothèque canadienne*, févr. 1826.

La brouette

Toute ferme possède une brouette, souvent appelée « barouette ». Jusqu'au 16e siècle, la brouette portait deux roues. De là son nom signifiant « double roue ». Dans les diverses régions de France, elle s'est aussi appelée barouette, berouette, birouette, et borouette. Il s'agit du véhicule d'été le plus simple que l'homme se soit donné. Y a-t-il quelques menus travaux à faire aux alentours qu'on y va avec la barouette. Faut-il transporter plus d'une brassée de bois qu'on se sert de la barouette. Et les enfants « se poussaillent » pour être du voyage. Pour un enfant, « faire un tour de barouette » a quelque chose de magique. Petite voiture à bras, roulant sur une seule roue et soutenue à l'arrêt par deux pieds, elle sert à transporter le fumier au jardin et en ramener les pierres, les racines et les mauvaises herbes. Pendant la saison, l'unique roue de la barouette lui permet de circuler dans les allées du potager sans endommager les plants. À la fin de l'été, la récolte de légumes se fait souvent si abondante qu'il faut s'aider de la barouette pour tout apporter à la maison.

Voir L.-P. Geoffrion, *Zigzags autour de nos parlers*, 1 (1925): 75s.

Le magasin général

Un certain nombre d'ouvriers agricoles et de rentiers habitent aussi le village. Les vieux aiment passer de longs après-midi à la boutique de forge où l'artisan transforme le fer en différents objets de consommation courante. Quand le printemps revient, qu'il faut ferrer les chevaux à neuf pour l'été, une âcre odeur de corne brûlée empeste l'atmosphère. Mais qu'importe. Les deux bancs de l'atelier sont occupés et l'on y devise entre hommes. Le local s'enfume vite, car rares sont ceux qui n'ont pas la pipe à la bouche. Et tout y passe: le mariage de la belle Bérangère, la maladie d'un des leurs, la progression des semailles et le temps qu'il fait sur le pays. On donne écho aux nouvelles et aux renseignements les plus divers. Et les plus fins conteurs y vont d'histoires à dormir debout.

On s'attarde aussi chez le marchand à suivre la dernière partie de dames. Le magasin général aura été la première vraie tête de pont de la société de consommation en milieu rural. Au début, le marchand vendait de menus articles que les habitants ne pouvaient produire ou fabriquer eux-mêmes: thé, riz, sel, poivre, mélasse, peintures, teintures, cotonnades. Avec le temps, il offrira à sa clientèle une gamme de plus en plus variée de produits manufacturés d'usage domestique.

contre une telle pratique. « Les vêtements que l'on a portés pendant la journée de travail sont imprégnés des sueurs qu'ils ont absorbées durant la journée; il est donc absolument nécessaire de les enlever tous les soirs avant de se mettre au lit[26] ».

Le grenier

Même si les enfants vont dormir à l'étage pendant l'été, l'espace réservé au grenier ne s'en trouve que peu réduit et celui-ci conserve sa vocation de dépense et de remise. C'est le lieu de l'étrangeté. Meubles, vêtements et ustensiles hors de service y finissent leurs jours. On y reconnaît, épars, les pièces démontées de l'ourdissoir* et du métier à tisser, des paniers pleins de pelotes de guenille taillée en fins rubans et destinée à faire la trame des catalognes, des sacs remplis de tissu coupé en pointes pour la confection des courtepointes, des pains de savon, un baril de sel, un autre de pois, du blé qui sèche en tas avant la mouture, la paillasse du quêteux, un ou plusieurs coffres renfermant du linge inutilisé. Des « paquets de filasse » et des tresses d'oignons et d'épis de maïs y sont suspendus**. « On ne restait pas longtemps dans le grenier, son aspect faisait peur. Tous ces objets disloqués, branlants, d'un autre âge, enveloppés de silence et d'ombre, paraissaient là comme dans leur tombeau. Il ne fallait pas grand effort d'imagination, surtout aux jeunes, pour que ces formes étranges, indécises, qui semblaient sourdre de tous côtés, ne nous missent en pleines scènes de « loups garous » et de « revenants », si souvent dépeintes dans les contes de grand-mère au coin de la cheminée[27] ».

* Appareil qui, tout juste avant le montage d'une pièce sur un métier, contient la quantité de fil nécessaire pour former la chaîne du tissage.

** Maintenant que les fondations de la maison sont rehaussées, les pommes de terre, le baril de lard salé, les feuilles de tabac à sécher et divers contenants rattachés à l'alimentation se rangent dans la cave.

Les latrines

On s'étonne du mutisme quasi absolu de la documentation touchant les latrines[28]. Comme il s'agit d'un lieu lié à une activité naturelle et quotidienne, peu de témoins ont jugé important d'en faire mention. Mais ce silence peut s'expliquer aussi du fait que les cabinets d'aisance n'existaient pas à proprement parler et que le lieu des latrines était laissé à la convenance de chacun. Le voyageur suédois Pehr Kalm écrit qu'« il n'en existe nulle part en campagne, dans les fermes, sinon là où habite une personne de qualité[29] ». D'ailleurs même au début du 20e siècle, on affirme que « leur emplacement dans l'habitation n'a jamais pu être fixé d'une manière absolument satisfaisante[30] ».

Dans les maisons, il semble que l'usage du seau, du pot de chambre ou de la chaise percée ait été généralisé. « L'une des corvées du matin consistait pour les enfants à aller vider les pots sur le tas de fumier derrière la grange[31] ». Pour beaucoup cependant, le meilleur lieu d'aisance restait le dalot de l'étable. La « catherine », aussi appelée « bécosse* », n'apparut sous la forme d'un bâtiment séparé qu'à la fin du 19e siècle. Il s'agissait d'une petite cabane étroite, couverte en planches, au toit en appentis, placée à une cinquantaine de pas de la maison. En hiver, peu d'occupants oseront braver le froid ou la neige pour aller à la bécosse, préférant le pot de chambre commun ou le voisinage des animaux.

* Déformation du terme anglais « back house ».

Le printemps

Page précédente: le moulin de Grondines, au printemps. Les moulins à eau ne tournaient pas à l'année. De décembre à mars, on les arrêtait, de peur qu'ils ne soient endommagés par les glaces. D'avril à novembre, les basses eaux tout autant que les inondations pouvaient à l'occasion retarder et même arrêter la mouture, entraînant ce qu'on appelait le « chômage des moulins ».

Le printemps dans la vallée du Saint-Laurent, n'est que la mort lente de l'hiver. L'abondance de la neige et les vents froids du nord retardent jusqu'en avril le véritable réchauffement de la température. Ainsi bien que le soleil de mars soit le même que celui de septembre, la température moyenne du 21 mars, début officiel du printemps, atteint à peine −1°C, alors que celle du 21 septembre s'élève à 13°C[1]. La neige de mars réfléchit les rayons, alors qu'en septembre la terre les absorbe.

Si la fonte des neiges débute lentement avec le mois de mars, elle s'accélère durant les semaines qui suivent. Fin mars, début avril, le paysage est en perpétuel changement. On distingue des trouées sur le tapis de neige qui couvre les champs. À mesure que le temps se réchauffe, ces percées s'agrandissent, si bien que, de jour en jour, on observe la marche rapide de la fonte. Bientôt il ne reste plus que des bancs de neige dans les « coulées* », le long des clôtures, à l'orée du bois ou près des bâtiments, tous des endroits où pendant l'hiver, sous l'action du vent, la neige s'accumule.

Les premiers oiseaux

La femme s'empresse de terminer la courtepointe ou la pièce qu'elle a sur le métier; elle sait bien qu'une période d'intense activité s'amène. La nervosité des animaux dans l'étable s'explique du fait que les femelles, grosses des petits à naître, sont sur le point de mettre bas. Une première corneille fait son apparition et s'amuse à narguer le temps gris, perchée sur les hautes branches d'un orme ou quelque piquet de clôture**. L'arrivée de cet oiseau réjouit le coeur de l'habitant. Elle annonce la venue d'une tempête, celle dite « des corneilles », une des dernières de l'hiver; mais elle signifie surtout l'arrivée prochaine du printemps. D'ailleurs le premier qui voit une corneille se hâte d'avertir les autres membres de la famille***.

Avec la corneille revient l'alouette****. Par volées, elle regagne les terrains vagues et les rivages découverts, où les mauvaises herbes desséchées percent la neige. Partie de la Nouvelle-Angleterre, elle retrouve le lieu où elle est née et s'apprête à revivre la saison des amours. Gardant peut-être le

* Appellation populaire donnée aux petits ravins, au lit encaissé d'un ruisseau, par exemple.

** Au 20e siècle, l'ornithologue Victor Gaboriault nota pendant 42 ans les dates d'arrivée au printemps d'une centaine d'oiseaux migrateurs. Dans la région de Québec, la corneille est le premier oiseau revenu du sud, arrivant vers le 8 mars. Elle parvient dans la région de Montréal une semaine plus tôt, mais est cette fois-ci devancée par l'alouette.

*** Si presque toutes les corneilles émigrent au sud à l'automne, un certain nombre d'entre elles hivernent au Québec. En plein hiver, on a noté leur présence un peu partout dans la vallée du Saint-Laurent, notamment dans les bois derrière Charlesbourg, à Saint-Joachim et à La Malbaie. Voir C.-E. Dionne, *Les oiseaux de la province de Québec* (1906): 276s.

**** L'alouette commune est inconnue dans la vallée du Saint-Laurent. Il s'agit plutôt ici de l'alouette cornue, dite de Virginie, une espèce un peu plus grosse que le pinson. Sur la Côte-de-Beaupré, l'Ile d'Orléans et la Côte-du-Sud, on l'appelle l'ortolan.

souvenir d'un continent plus chaud, la femelle entreprend dès la fin de mars sa laborieuse couvée[2]. Aux quatre vents, sur un lit de duvet végétal, de poils et de plumes, elle doit demeurer couchée de longues heures, durant 14 jours, à couver ses oeufs. Souvent cette première livrée est un échec, les oeufs gelant ou les petits mourant de froid. Mais née dans de semblables conditions et faisant preuve d'une sorte d'acharnement à se reproduire, elle recommence jusqu'à ce que la survivance des petits soit assurée.

L'alouette est un oiseau si bien adaptée à la terre ferme que, souvent, elle préfère marcher plutôt que de voler ou sautiller. Si un danger la menace, elle sait se cacher dans les brins d'herbe, se dérober derrière les mottes de terre, se confondre avec le milieu. Ce n'est qu'à la dernière extrémité qu'elle s'envole et encore est-ce pour revenir se poser à la même place. Au temps de la fenaison, plus d'une alouette est victime du faucheur qui marche par mégarde sur son nid. Les enfants l'attrapent au trébuchet pour la mettre en cage, car son chant est fort doux et elle s'apprivoise facilement. L'homme la chasse, tout comme le plectrophane des neiges, avec qui elle voyage en bandes, et la déguste sous forme de ragoût d'ortolans.

La naissance des animaux

Un bon matin, une vache se plaint dans l'étable. Elle a commencé à vêler durant la nuit. Le paysan et son épouse l'assistent pour la circonstance ou recourent à un voisin plus habile qu'eux. Et, en quelques minutes, un premier veau voit le jour. Bien que le petit de l'animal puisse naître à n'importe quel moment de l'année, il arrive souvent que, naturellement, les premières parturitions à l'intérieur du petit cheptel coïncident avec le printemps. Alors quelques femelles, l'une après l'autre, mettent bas.

La jument, qui termine sa grossesse de 11 mois*, s'est vue déferrée, puis placée seule, sans attache, dans un « por** ». « Une jument pleine ne doit pas être attelée dans un brancard; elle doit être placée à l'écurie de manière qu'elle ne puisse être tourmentée par d'autres chevaux ou en recevoir les ruades[3] ». À quelques minutes du poulinage, elle devient « inquiète », tourne autour de sa stalle, gratte le sol de ses pattes de devant, se

* On croit que les poulins mâles sont ordinairement portés quelques jours de plus que les femelles.

** Canadianisme ayant les sens de parc, enclos, loge, stalle ou compartiment.

couche et se relève fréquemment, éprouve des coliques, et enfin le part commence. Il y a des juments qui mettent bas debout, mais la plupart se couchent, comme les autres femelles. Le poulinage est très rapide: de quatre à cinq minutes. Le veau, lui, peut en mettre 30, parfois plus, à naître. Il faut donc à l'occasion se lever la nuit pour constater la progression du travail et souvent aider l'animal d'un tourniquet.

Au début de juin, le cheptel a parfois doublé. L'habitant garde le plus beau des veaux et vend les autres ou les envoie à la boucherie. Il fait souvent de même avec les porcelets. Mais pas un seul poulin n'est abattu, car « parmi les chevaux, tout ce qui naît s'élève ». On juge excellente la race des chevaux du pays. « Quoique petits, ils sont robustes et pleins de feu[4] ». La demande est forte d'ailleurs. Des marchands du Connecticut en achètent de grandes quantités qu'ils revendent à bon prix dans les Antilles[5]. Et nulle race chevaline des États-Unis ne supporte mieux les chaleurs et les travaux qu'on exige du petit cheval canadien dans les pays du sud[6].

Le temps des minous

Le saule, dont le nom d'origine celtique signifie « près de l'eau », est fort répandu au Québec. Il comprend une quarantaine d'espèces allant de l'arbuste à l'arbre. Celui dit fragile, un grand arbre pouvant atteindre 25 mètres de haut, est remarquable par la facilité avec laquelle il « retige ». C'est de lui qu'on dit « retiger comme un saule ». Un piquet de ce saule planté à l'automne en guise de balise donne souvent un arbre au printemps. Et on l'utilise surtout le long des rivières pour empêcher l'érosion des rivages.

Une autre espèce de saule, celle dite de l'intérieur, petit arbuste n'habitant que les rivages longtemps inondés au printemps, joue un rôle très important dans l'écologie du Saint-Laurent. Flexible, il est le seul de tous ses congénères à résister à l'action puissante des glaces lors de la débâcle sur le fleuve. S'étendant en de vastes saulaies, il contribue par ses racines à fixer les bancs de sable récemment formés. À la fin du mois de mars, les chatons du saule discolore éclosent[7]. « C'est, dit-on, le temps des minous », un autre signe de l'arrivée du printemps.

La corneille

Bien qu'elle gobe un grand nombre d'insectes et qu'elle débarrasse l'homme d'une foule de déchets, la corneille fut de tous temps intensément chassée et identifiée à un oiseau de malheur. Mahomet l'a maudite. Virgile l'associa aux mauvais présages. Aux États-Unis, sa tête fut mise à prix, comme celle du loup et du puma. Et l'homme l'adjoignit à la sorcière des histoires pour enfants. Mais jamais l'espèce ne s'en trouva menacée.

Les naturalistes classent la corneille parmi les plus intelligents des oiseaux. Elle s'adapte à une grande variété d'habitats et peut manger tout ce qui est comestible. Elle cherche habituellement sa nourriture dans des endroits à découvert (champs cultivés, dépotoirs), mais niche et se repose dans les grands arbres qui bordent la forêt.

Au mitan de l'été, quand les petits sont élevés, les corneilles se regroupent en sociétés. Il n'est pas rare alors d'être témoin de ce que les cultivateurs appellent « les noces de corneilles ». Par centaines, volant en tous sens au-dessus d'un arbre, elles se livrent à des cris qui deviennent vite assourdissants. Puis après quelques minutes de ce manège, la bande entière se pose sur les branches. Les enfants de la vallée, témoins de ce spectacle, ont coutume alors de s'écrier: « Un mariage pour moi! ».

Capturé au nid, le petit de la corneille se domestique facilement. Il devient, dit-on, amusant et espiègle, enclin à dérober les moindres petits objets qui lui tombent sous le bec. Au 19e siècle, on attrape l'adulte au moyen d'un cornet de fer-blanc ou de carton, enduit à l'intérieur de colle, de résine ou de goudron et dans lequel on a pris soin de déposer un morceau de viande ou de poisson. L'oiseau, dans sa voracité, plonge le bec dans le cornet qui l'encapuchonne et l'immobilise. Il ne reste plus qu'à s'en saisir.

Le langage populaire a également retenu la corneille. Ainsi une affaire à régler avec quelqu'un devient une corneille à plumer avec lui. En agriculture, l'épouvantail est appelé le « bonhomme » ou « peureux à corneilles ». Et, par extension, celui qui s'habille d'une manière bigarrée se vêt d'un façon à effrayer les corneilles. Quinze entités géographiques portent le nom de corneille et 54, celui de corbeau.

Bien que tous deux portent sensiblement la même vêture, la corneille est plus petite que le corbeau et n'en est point la femelle. Celui-ci, contrairement à la corneille, délaisse le voisinage de l'homme et préfère la solitude des régions montagneuses ou fortement accidentées. Au 19e siècle, les cîmes du Cap-au-Diable et de Baie-des-Rochers, dans le comté de Charlevoix, sont renommées pour les corbeaux qu'elles hébergent. Et dans la Passe-des-Monts, sur le chemin du Saguenay, leurs cris rauques ont plus d'une fois inspiré la terreur aux voyageurs.

J.M. LeMoine, *Ornithologie du Canada* (1860): 281-291; Paul Lemonde, *La corneille* (1954); *RTQ* (1979): 260s, 263s.

La débâcle devant Québec en 1817

Je dois rendre hommage au pont de glace de 1817, que je traversai à plusieurs reprises, du début du gel jusqu'à trois jours de sa dislocation. Pour l'Européen, ce bris de quelques milles de glace compacte représente un spectacle bouleversant et inoubliable.

Le matin du 4 mai, un messager me prévint que le pont allait bientôt céder. En descendant dans la rue, j'entendis un grondement sourd, comme le tonnerre au loin. Les habitants se dirigeaient tous vers les hauteurs de la ville pour admirer le spectacle. Je courus aussi vite que possible au grand bastion d'où je ne pouvais rien manquer... Le fracas des énormes masses de glace projetées les unes sur les autres par le courant était terrifiant. De la plaine gelée réunissant les deux rives provenait un bruit d'enfer que l'écho amplifiait encore. La nature engageait une lutte mortelle et c'est avec terreur et admiration que nous voyions la glace aux prises avec l'eau. Je n'ai jamais revu spectacle aussi impressionnant; je passais des heures sur la batterie, pénétré par la grandeur de la scène.

Grondements, fracas et luttes des icebergs d'eau douce durèrent tout l'après-midi. Le soir, dans la quiétude de la garnison, pendant que les citoyens se reposaient, nous entendions distinctement à l'intérieur de nos casernes fermées les grondements sourds et profonds. Ni matelas, ni traversins, ni oreillers, ni bonnets n'empêchaient le bruit de se faire entendre. Le lendemain matin, je fus l'un des premiers curieux à monter sur la batterie. Toute communication avec la rive sud était coupée; il ne restait rien de la route artificielle et symétrique, pas un sapin. On ne voyait plus que des blocs et des morceaux de glace disloqués, chassés de part et d'autre du fleuve et balayés par la marée montante.

P.-L. Martin, *Tolfrey, un aristocrate au Bas-Canada* (1979): 137s.

Le moine

En cette saison, les enfants s'occupent également à jouer au « moine ». Toupie de bois pleine, souvent peinte en rouge ou en vert, le moine est un jouet très ancien apporté de France. Chaque année, il réapparaît avec le printemps. Sur les sols durs, les garçons s'amusent à le faire dormir ou ronfler. Propulsé par une ficelle, le moine tourne sur la pointe ou sur la queue. « Les experts le font aussi évoluer obliquement suspendu par la pointe, puis d'un geste brusque et mesuré, le reçoivent dans leur main droite où il achève de tourner: c'est de l'art... à ficelle! Sans viser à d'aussi merveilleux résultats, les enfants sont satisfaits quand leurs moines dorment avec une complaisante paresse, en dévidant longuement un léger bruit de soie harmonieuse ».

On pratique aussi le jeu du rond qui consiste à faire tourner le moine sur sa pointe à l'intérieur d'un cercle tracé à l'avance sur le sol. On dit de celui qui échoue qu'il fait « pétaque », ou encore « poche ». Mais le jeu le plus populaire est celui « à la poque ». Armé d'un gros moine de bataille dont le pivot est fait d'une alène ou d'un clou de fer à cheval, les joueurs cherchent alternativement à détruire le jouet de l'autre. Dans ces joutes, l'éraflure que reçoit le moine lorsqu'il est atteint est appelé « poque ». Autant de chocs, autant de poques. Et la plus grande satisfaction va à celui qui réussit à faire éclater le moine de son adversaire.

Voir Albert Lozeau, *Billets du soir* (1912): 18s.

L'enfant, dans sa promenade en bordure de la route ou près de quelque lieu humide, cueille ce qui sera le premier bouquet de la saison. En enlevant l'écorce du bois et avec les encoches appropriées, il sait aussi se faire un sifflet ou une flûte d'une branche de cet arbrisseau.

La débâcle

Pendant l'hiver, le fleuve est « le chemin qui glisse ». La glace est si forte qu'elle peut porter des troupeaux de boeufs[8]. Toute la gamme des voitures circulent d'une rive à l'autre. Mais, au début d'avril, sous l'action des rayons du soleil, la glace se ramollit et ne peut plus porter de lourds fardeaux. On répète alors qu'elle est « pourrie ». Pour traverser entre L'Ange-Gardien et Saint-Pierre de l'Ile d'Orléans, on attelle désormais le chien plutôt que le cheval. Les plus audacieux ne craignent pas de s'y hasarder. Pourtant la débâcle n'est plus loin. Le soleil se fait plus insistant. Les rivières du versant sud n'arrivent plus à se contenir. Le printemps, pour elles, arrive quelques jours plus tôt, car elles prennent leur source dans des régions méridionales couvertes de feuillus, où le soleil printannier pénètre bien plus aisément que parmi les boisés de résineux, plus au nord. Gorgées de cette eau nouvelle et se butant en aval à des sections non encore dégelées, elles débordent.

La Richelieu sort de son lit; la Yamaska, la Bécancour et la Chaudière font de même. Le moindre ruisseau se donne des allures de rivière. Mais le lit de glace du fleuve est toujours immobile. Partout, on se rend sur ses rives, deux ou trois fois par jour, espérant que cette fois-ci sera la bonne. Mais la débâcle tarde. L'eau monte à Berthier et Verchères, deux villages situés quasi au niveau du fleuve. « Il faut même enlever, écrit Joseph Bouchette, une grande quantité de froment des étages supérieurs des greniers, pour l'empêcher d'être gâté[9] ». Les basses terres de Batiscan, celles de Baie-du-Febvre, sont inondées. À Québec, de jeunes téméraires s'amusent au prix de leur vie à défier le fleuve. Chacun d'entre eux voudrait se faire gloire d'être la dernière personne à franchir le pont de glace à pied sec avant le retour des flots.

Soudain, vers la mi-avril*, habituellement entre midi et 19

* La débâcle, bien sûr, ne se produit pas à date fixe. Certaines années, le pont de glace devant Québec et Lévis, par exemple, reste en place jusqu'aux premiers jours de mai. Par contre, certaines autres années, le pont de glace ne se forme même pas.

La soudaineté et la puissance de la débâcle sont ici personnifiées par l'artiste Henri Julien sous les traits de ce vieil homme, « St. Laurent », à l'allure d'Hercule, secouant ses entraves devant le marché Bonsecours à Montréal. Sans doute pour qui voudra étudier les structures passées de l'imaginaire québécois, la débâcle apparaîtra parmi les thèmes symboliques importants.

Un embâcle à Québec en 1874.

heures, un bruit sourd que l'on dit ressembler à celui du tonnerre au loin ou de l'avalanche, se fait entendre sur le fleuve. Dans un fracas puissant et aux cris et aux acclamations de centaines de personnes parfois, l'immense tapis de glace se morcèle et se met en marche. Plus rien ne peut désormais le retenir. Tout ce qui se trouve sur son passage cède. Maisons, granges, ponts, clôtures et arbres, rien ne résiste. Et, sur les hauteurs, chacun y va de son commentaire. À Boucherville, on voit passer les « chemins d'hiver » balisés d'épinettes: la traverse Racicot, la traverse Desrochers, puis celles de Longueuil et de Laprairie. Le « chemin de fête » qui reliait Sainte-Croix de Lotbinière et Les Écureuils est emporté. On reconnaît la glace des battures aux pierres qu'elle a arraché au lit du fleuve. On remarque une carcasse de vache, abandonnée par un cultivateur.

Cela dure près d'une semaine. Les riverains du Saint-Laurent, particulièrement les insulaires, craignent alors la formation d'embâcles. Ces amoncellements de glace où le fleuve se rétrécit ou modifie sa course provoquent une rapide montée des eaux et entraînent de grandes inondations. Les agglomérations qui ont eu à subir les méfaits de la crue ne se comptent plus. Le fleuve n'est pas « fiable », dit-on, dans les Cent-Iles du lac Saint-Pierre. De 1862 à 1891, la côte d'alerte de 4 mètres est dépassée une année sur deux[10]. Mais, dans ces îles, la débâcle est une incommodité moins grave pour les habitants par le fait même qu'elle est habituelle. Sans compter que l'eau, en se retirant, laisse sur les terres de cet archipel un dépôt produisant les mêmes effets qu'un engrais. « Au temps des grandes inondations, remarque-t-on, le foin pousse tout seul. » Grâce à la crue printannière, la vocation de terres à foin de ces îles du lac Saint-Pierre est toute trouvée.

La débâcle charrie des épaves de toutes sortes et beaucoup d'entre elles se retrouvent dans l'archipel de la Côte-du-Sud, ce dépotoir naturel du haut et moyen Saint-Laurent. Dans les îles de même qu'à Lévis, Lauzon et Montmagny, on met tout en oeuvre pour recueillir ces débris. À l'Isle-aux-Grues, on appelle cette moisson le « rapport de l'eau ». Les hommes et les garçons arpentent les berges du fleuve et ramassent tout le bois de grève. D'autres prennent les devants et, en canot ou en chaloupe, partent à la recherche de la moindre pièce de bois à la dérive.

Une grosse branche, un arbre tout entier, une planche, une longue poutre équarrie échappée de quelque chantier naval sont remorqués sur la rive et mis à sécher avant d'être débités. À l'Isle-aux-Grues, ce travail importe d'autant plus que le bois est rare et qu'il faut l'acheter à prix élevé des navigateurs de Petite-Rivière-Saint-François et Baie-Saint-Paul[11].

Les rites

Chaque saison comporte un certain nombre de rites, comme si l'homme s'obligeait au fil des jours à une liturgie très précise pour obtenir la protection de quelque divinité. Au 19e siècle, dans la vallée du Saint-Laurent, on perpétue sur ce plan d'anciennes coutumes françaises, elle-mêmes héritées souvent de vieilles pratiques païennes. Et, au printemps, avant de répéter les gestes propres à ce temps de l'année, il faut d'abord régler les comptes avec la saison précédente.

L'enterrement des morts de l'hiver

L'hiver apporte avec lui son cortège de décès. Mais à la différence des autres saisons, il ne permet guère l'ensevelissement des morts, le sol étant trop gelé. On conserve donc dans le charnier ou la cave de l'église le corps des disparus jusqu'à ce que, le printemps revenu, la terre plus meuble permette de procéder aux enterrements. Le curé, de concert avec les familles éprouvées, des voisins et le fossoyeur, organise alors la corvée de l'inhumation des morts de l'hiver. Pelles et pioches sont réquisitionnées pour creuser autant de fosses qu'il y a de cercueils. Certains hivers, comme celui de 1820 à Cap-Santé alors que « des fièvres très malignes » font périr les jeunes filles surtout[1], le nombre de décès est plus élevé qu'à l'accoutumée. Aussi, ces enterrements massifs, paradoxaux en ce début de saison où la vie renaît, ont de tristes allures. Mais elles réjouissent quand même les familles des défunts, heureuses de savoir qu'un être cher a cessé d'attendre dans le charnier et a pu gagner le lieu définitif de son dernier repos.

Le temps pascal

Durant les trois premiers siècles après la naissance du Christ, les églises chrétiennes ne s'entendaient pas sur la date de Pâques. En 325, le concile de Nicée statua que, désormais, Pâques se célébrerait le premier dimanche suivant la pleine lune de l'équinoxe du printemps. C'est donc une fête mobile qui se retrouve toujours entre le 22 mars et le 25 avril. Les grandes fêtes mobiles de l'Église catholique sont toutes fixées d'après la fête de Pâques. Le Mercredi des Cendres vient 46 jours avant Pâques; la Quasimodo, sept jours après; l'Ascension, 39 jours; la Pentecôte, 49 jours; la Trinité, 56 jours et la Fête-Dieu, 60 jours.

Le samedi précédant le dimanche des Rameaux, premier jour du temps pascal, les hommes, revenant de l'érablière, rapportent à la maison des branches de sapin, de cèdre ou de saule. Parfois ce sont les enfants qui ont charge d'aller quérir ces branchages[2], qu'on apporte à l'église le lendemain. Ce jour-là, durant la messe, le curé bénit les palmes; puis, de concert avec les enfants de choeur et pour rappeler l'entrée triomphale de Jésus à Jérusalem, il fait procession dans la nef.

De retour à la maison, on enlève les vieux rameaux que l'on fait brûler pour les remplacer par les nouveaux rameaux de la saison. Chaque pièce de la maison, même le grenier, a son rameau, souvent placé en évidence au-dessus du linteau de la porte. Dans les dépendances, le rameau voisine avec le fer à cheval, l'un fournissant protection, l'autre la bonne fortune. On prend grand soin des rameaux bénis. Ils protègent contre la foudre, les ouragans et les incendies, on les emploie comme goupillons pour asperger d'eau bénite le corps d'un mourant et ils rappellent la présence de Dieu dans la maison*.

* Les ethnologues français ne s'entendent pas sur l'origine de la coutume des rameaux. Dans l'Église catholique, elle date du 8e siècle. Mais peut-être serait-elle issue de quelque fête païenne pré-chrétienne associée à la végétation renaissante.

Le rite religieux des rameaux est le prélude à la Semaine sainte qui contient un ensemble de cérémonies fortement dramatisées, surtout pour les jours du jeudi au samedi. Cette semaine où le jeûne est de rigueur rappelle l'agonie, la mort et la mise au tombeau de Jésus. Beaucoup de coutumes populaires y sont associées. Ainsi, après la récitation du *Gloria* à la messe du Jeudi saint, cloches et clochettes retentissent pour la dernière fois. Une très vieille croyance veut qu'elles partent pour Rome[3]. Les raisons de leur voyage sont diverses. Certains affirment que toutes les cloches du monde se retrouvent au Vatican pour rendre visite au pape; d'autres, qu'elles sont allées chercher les clefs du saloir, ce qui permettra à tous de manger gras à leur retour. L'absence de cloches ne signifie pas pour autant que les cérémonies religieuses se retrouvent baignées de silence. On les remplace par des instruments de bois, tels le claquoir ou la crécelle, que manient les enfants de choeur aux moments désignés.

Le Vendredi saint, tout travail cesse, en signe de respect pour la mort du Christ. On évite d'entailler les érables, car il y coulerait du sang[4]. Pleut-il pendant la lecture du texte de la Passion, il « mouillera » durant les 40 jours qui suivent. Et la mère qui aimerait voir son nourrisson porter les cheveux bouclés, choisit ce jour pour les lui couper, « parce que ça les fait friser ».

Avant la messe du Samedi saint, le curé procède à la bénédiction de l'eau et du feu nouveau, une des cérémonies les plus hautes en couleurs de la religion catholique. Pendant la lecture du *Gloria*, les cloches reviennent de Rome et se mettent de nouveau à sonner à toute volée. Immédiatement la mère qui les entend, qu'elle soit à l'église ou à la maison, dépose par terre son enfant sur le point de marcher, pour lui permettre de faire ses premiers pas*.

* On signale aussi cette coutume en Provence. Dans le Comtat Venaissin, les mères balancent leur enfant au rythme des sonneries, ce qui doit leur assurer une enfance sans chutes graves.

Le retour des cloches réjouit les populations. Il marque la fin d'un carême de 40 jours et l'arrivée de Pâques, la plus grande fête de l'année, tant parce qu'elle s'identifie bien à la renaissance printanière annuelle qu'elle rappelle la résurrection du Christ. Dans les villes, il y a foule aux « marchés fleuris » du Samedi saint. On laisse courir des fleurs de papier sur les étals et les produits qui s'y trouvent. On en attache à la crinière et au harnais du cheval. On lie les pièces de viande de rubans multicolores[5]. Et les enfants reluquent les friandises de sucre du pays[6].

Le matin de Pâques, on se lève dès l'aube pour aller recueillir l'eau de Pâques. Cette eau, puisée dans un ruisseau, une rivière ou le fleuve a, dit-on, des propriétés particulières. Elle ne se corrompt pas, guérit les maladies de la peau, les troubles de la vue et les indispositions bénignes. En boire sur place assure une bonne santé pour l'année à venir**. Et, phénomène singulier, ce jour-là, à son lever, le soleil danse. À Québec et Montréal on se rend au bord du fleuve pour le voir sauter à l'horizon.

** Cette croyance a cours également pour la première pluie de mai et l'eau de la Saint-Jean. Son intégration dans le cycle de Pâques n'est donc qu'épisodique, due partiellement au caractère sacré de la période. On peut y voir une pratique de lustration et de purification à la fin d'une période de mortification. Voir Nicole Belmont, *Mythes et croyances dans l'ancienne France* (1973): 83.

Une des plus vieilles célébrations attachées à la fête de Pâques est sans doute l'oeuf. Trois mille ans avant que les premiers chrétiens n'y voient le symbole de la résurrection du Christ, les Phéniciens avaient fait de l'oeuf la représentation du principe même de toutes choses, le symbole de la fécondité et de l'éternité. À la même époque, les Celtes ne fêtaient jamais le

« La cueillette de l'eau de Pâques » d'Edmond-J. Massicotte.

retour de l'an nouveau sans manger des oeufs[7]. Dès le début du christianisme, on apportait à l'église des oeufs pour les faire bénir par le prêtre, le jour de Pâques, avant de les distribuer à ses proches. Puis, lentement, la tradition se transforma pour ne plus devenir qu'une joyeuse manifestation en faveur de l'oeuf, aliment dont on a été privé pendant tout le carême.

Le bedeau, en compensation de son travail bénévole, peut passer par les maisons de la paroisse faire « la quête des oeufs de Pâques* ». On offre aux enfants des oeufs cuits dur et teints, ou en sucre d'érable. Et par tradition l'omelette est de rigueur au repas du midi. On la prépare avec des grillades de lard prises à même le plus beau morceau du saloir. On consomme aussi de la viande, puisqu'il est de nouveau permis d'en manger. Sur certaines tables de la région de Québec, on retrouve le ragoût de plectrophanes des neiges. Quand le repas pascal se tient le soir, il est suivi d'une « veillée », la première depuis la mi-carême.

* On ne lui donne pas que des oeufs, mais d'autres produits de la terre. Cette pratique est sans doute d'origine française car là outre le bedeau, le garde champêtre, le postillon, le fossoyeur et les enfants de choeur se voient ainsi remercié de leurs services.

Le dimanche de la Quasimodo, aussi appelé Pâques closes[8], marque la fin du temps pascal. Ceux qui depuis le Mercredi des Cendres n'ont pas encore fait leurs Pâques[9] voient là la dernière occasion d'accomplir ce devoir religieux. Comme en Normandie et en Bretagne, on dit d'eux qu'ils font alors des Pâques de renard. Quant à ceux qui passent outre à cette prescription de l'Église, ils risquent de "courir le loup-garou".

Vieille superstition européenne répandue dans la vallée du Saint-Laurent, le loup-garou est une personne condamnée par le diable à prendre la forme d'un animal effrayant, couvert de longs poils et aux yeux flamboyants comme des tisons. Il passe ses nuits à errer de-ci, de-là, dans les champs et les bois. On raconte que les chiens lancés à la poursuite d'un loup-garou reviennent rapidement à leur point de départ en proie à une terreur profonde. En présence d'un loup-garou, il faut, dit-on, d'abord se signer dévotement, tenter de tracer sur le front de la bête un grand signe de croix et chercher à lui tirer une goutte de sang. Ce n'est qu'au prix d'une telle audace que l'on peut libérer un malheureux de son châtiment. Et encore faut-il se garder de parler de cet incident à qui que ce soit, car on risquerait à ce moment un mauvais sort[10].

La Saint-Marc et les Rogations

Dès le 25 avril, jour de la fête de saint Marc, une messe est chantée dans chaque paroisse pour demander le concours de la Providence en vue des semailles[11]. Parfois le curé choisit ce moment, plutôt que celui des Rogations, pour bénir les graines de semences. Mais la Saint-Marc inaugure surtout un cycle de processions qui se poursuivra jusqu'à la Fête-Dieu. Les Rogations, elles, qui arrivent 36 jours après Pâques, consistent en trois jours de jeûne, de processions, de bénédictions et de prières pour obtenir d'abondantes récoltes et éloigner les fléaux naturels. Elles furent instituées en 469 par saint Mamert, l'évêque de Vienne (France), suite à une année d'épouvante au cours de laquelle cette petite ville du Dauphiné dut faire face à plusieurs cataclysmes (tremblements de terre, incendies, etc.). Pour faire cesser le Mal, Mamert promit à Dieu des « rogations » solennelles, accompagnées de jeûnes et de prières publiques. L'idée de tenir annuellement des Rogations se répandit peu à peu dans toute la France, avant d'atteindre les rives du Saint-Laurent.

Une chapelle de procession, à Saint-Pierre de l'Ile d'Orléans.

Lors des grandes processions des Rogations, l'itinéraire permet de parcourir tout le territoire de la paroisse, soit en empruntant successivement tous les chemins du village, soit en se rendant aux points culminants de manière à pouvoir embrasser du regard toutes les parties cultivées. On s'arrête devant chaque croix de chemin pour prier et chanter. Le cortège est ordonné. Le porte-croix et les enfants de choeur ouvrent la marche. Le célébrant et les acolytes suivent. Quant aux fidèles, hommes et femmes séparés, ils ferment le défilé. Tout au long de la marche, on récite les litanies et on prie à voix haute[12].

Après les Rogations, fort de ces nombreuses prières, on peut maintenant semer. En bordure des champs, on plante des petites croix, formées de brindilles de bois bénites, qu'on appelle précisément « croix de semences », pour favoriser les récoltes. De plus, on demande souvent aux enfants, en quelque sorte des promesses d'adultes, de semer les premières graines. Ces semences sont lancées aux quatres points cardinaux ou enfouies une à une soigneusement dans la terre.

La plantation du mai

Du plus profond des âges, depuis la plus haute antiquité, fêter l'arrivée du mois de mai, le renouveau de la végétation, est un impérieux besoin humain. Or, de toutes les coutumes attachées à cette fête, aucune n'est plus vieille ni plus répandue que celle de planter le « mai ». Chinois, Égyptiens, Phéniciens et Chaldéens plantaient le mai.

Apportée de France, la coutume s'est perpétuée dans la vallée du Saint-Laurent. Le matin du premier mai, souvent à l'aube, des hommes se rendent dans la forêt couper le plus haut sapin. Ils l'ébranchent, puis l'écorcent en prenant soin de conserver à la cîme ce qu'ils appellent le bouquet*. Ils parent ce bouquet de fleurs de papier, de rubans et de brimborions de toutes sortes. Tous les habitants de la paroisse se joignent à eux. Armés de longs fusils, la corne à poudre en bandoulière et la hache à la ceinture, ils forment cortège pour se rendre élever ce mai devant le manoir seigneurial**.

Le seigneur et sa famille feignent de tout ignorer de la fête. Ils la savent cependant inévitable, car souvent lors d'une concession de terre, le seigneur l'exige de ses censitaires. Sur les lieux, on creuse un trou profond dans lequel on descend le mai. Un coup de fusil tiré devant la porte d'entrée annonce que tout est prêt. À ce signal, la famille du seigneur s'empresse de se réunir dans le salon, afin de recevoir les représentants du groupe. Le seigneur prend place sur un fauteuil, entouré des siens. Deux vieillards s'amènent, souvent les plus vieux de la paroisse, le saluent avec politesse et lui demandent pemission de planter le mai devant sa porte. Ce dernier bien sûr acquiesce, car c'est là pour lui occasion de fierté.

À l'extérieur, les émissaires font part à la foule du succès de leur mission. Alors quelques minutes suffisent pour consolider le mai. Un second coup de feu annonce une nouvelle ambassade. On présente au seigneur un fusil et un verre d'eau de vie pour l'inviter à venir recevoir le mai qu'il a eu la bonté d'accepter. La foule crie: « Vive le seigneur! » Celui-ci trinque, s'amène à l'extérieur et fait feu sur le mai. Puis, pendant une demi-heure, les femmes tout autant que les hommes déchargent leur fusil sur l'arbre ébranché. Plus il se brûle de poudre, plus le compliment est flatteur pour celui à qui le mai est présenté***.

* Touffe de branches toujours proportionnée à la hauteur de l'arbre.

** Au 19e siècle, on élève le mai non seulement devant la maison du seigneur, mais aussi de toute personne que l'on veut honorer, comme le capitaine de milice ou le curé.

*** La coutume de la salve est très ancienne. L'homme a toujours fait du bruit pour éloigner les mauvais sorts et les maléfices. Dans la vallée du Saint-Laurent, il arrive qu'on fasse la salve après un mariage, la construction d'une maison ou d'une grange, au moment des Rogations, de la Fête-Dieu, de la Saint-Jean ou au Jour de l'An. Au 20e siècle, après un mariage, les klaxons des voitures perpétueront cette très vieille tradition.

La famille Leclerc, à Saint-Jean-Port-Joli, en 1912.

Au moment où la fusillade ralentit, le seigneur invite tout le monde à déjeûner. D'immenses tables regorgeant de mets variés accueillent les convives à l'intérieur du manoir et la boisson coule à flots. À chaque toast élevé, les jeunes hommes courent à l'extérieur décharger à nouveau leur fusil sur le mai. Une succession sans fin de chansons et de contes termine le tout[13].

Certaines années, quand le printemps tarde et que la débâcle ne se produit qu'en mai, on fête également le 1er mai en élevant sur le pont de glace des mais sur lesquels on tire plusieurs décharges de fusil. La population, masquée et costumée, forme alors sur le fleuve une longue et joyeuse parade, les uns à pied, vêtus d'habits grotesques, les autres montés sur de vieilles carrioles tirées par des haridelles. Il semble que cette coutume de planter des mais sur le pont de glace est plus fréquente dans la région de Trois-Rivières (L'Isle, Pointe-du-Lac, Baie-Jolie), car à cause de la présence du lac Saint-Pierre, la débâcle est plus lente à venir[14].

L'enfant

Nulle famille dans l'histoire de l'homme, semble-t-il, ne fut plus prolifique et de manière aussi soutenue que celle de la vallée du Saint-Laurent. L'homme de cette région a même fait preuve d'une sorte d'acharnement à se prolonger, à se reproduire. Proverbiale, la fertilité des femmes a permis ce qu'on qualifiera de « revanche des berceaux ». Le nombre moyen d'enfants par femme est de huit*. En un siècle, de 1780 à 1880, la population passe de 70 000 à deux millions d'habitants. On augmente de 30 fois le nombre, alors que la France parvient à peine à doubler le sien. De 1800 à 1850, jamais le taux de natalité ne s'abaissera, si ce n'est pendant quelques années, sous le plancher de 50 naissances pour 1 000 habitants. C'est un record mondial**. On ne connaît nulle part ailleurs une coutume voulant que le vingt-sixième enfant d'une même famille soit élevé à la charge du curé de la paroisse.

Si le père souhaite un fils comme premier enfant, la mère, elle, ne préjuge point. Elle se sait toute entière à la maison. Comme le déroulement de l'acte sexuel appartient à un

* Le nombre d'enfants par couple jugé nécessaire pour assurer le simple renouvellement des générations est de 2,1. En 1980, presque tous les pays industrialisés présentent un chiffre inférieur, oscillant entre 1,4 et 1,9.

** La Serbie (45 pour 1 000) et la Hongrie (43 pour 1 000) suivent dans l'ordre.

domaine de la nature sur lequel l'homme n'a pas encore imaginé qu'il peut intervenir, c'est sur elle que repose cette société de « démographie naturelle » galopante[15]. Les naissances se succèdent au rythme de ses périodes de lactation, d'aménorrhées[16] et de fausses couches. Les filles à naître, surtout la première, seront appelées à seconder leur mère dans les travaux ménagers dès qu'elles le pourront. Il y a d'autant plus à faire que les enfants sont nombreux et les hommes ne prêtent jamais main-forte à la maison. Les filles font les lits, servent à table et surtout s'occupent des plus jeunes enfants. Au temps de la moisson, alors que tous, y compris la mère, vont travailler aux champs, l'aînée demeure à la maison pour avoir soin des petits[17]. On en voit de ces plus vieilles de famille passer droit l'âge du mariage (entre 15 et 20 ans) pour remplacer auprès de ses frères et soeurs leur mère morte en couches.

Dans cette société où il est fréquent de se retrouver devant une femme enceinte, tous, elle la première, feignent d'ignorer son état. « On ne parle pas de ces choses-là et les enfants sont attendus dans le secret et le silence[18] ». Certains estiment même la femme « malade[19] » et évitent de la visiter. Celle-ci cependant maintient ses habitudes de vie comme si de rien n'était. Quand vient le temps « d'acheter* », on envoie tous les enfants chez la voisine en leur disant que « les Sauvages » ou « le corbeau » vont passer et qu'à leur retour, ils auront « un petit frère ou une petite soeur ». La mère de celle qui accouche ou une vieille tante assiste la « pelle-à-feu** » ou le médecin. Tout se déroule sans énervement; les femmes ont depuis longtemps apprivoisé cet événement et, d'ailleurs, le vivent souvent exclusivement entre elles. Après la délivrance, chaque intervenant s'offre un petit verre de vin, histoire de célébrer cette naissance[20].

Le lendemain ou le surlendemain, « quand tout est rétabli », les enfants reviennent à la maison, heureux d'y trouver un poupon qui deviendra vite un nouveau compagnon de jeu. Le « compérage*** » a lieu le plus tôt possible, souvent la journée même; tellement que la mère, alitée, ne peut jamais y assister. Tirés à quatre épingles, le père et l'enfant, ses parrain et marraine et la porteuse empruntent la voiture la mieux astiquée et le plus beau cheval pour se rendre à l'église. On court aux fenêtres pour voir passer un compérage[21]. « Tiens, c'est Benjamin qui fait baptiser encore une fois! Joseph et Marie sont dans les

* Expression courante pour désigner le fait d'accoucher.

** Nom populaire donné à la sage-femme.

*** Appellation ancienne du baptême et de tout ce qui l'entoure. Le compère, un vieux terme originant du latin, désigne le parrain, celui qui tiendrait lieu de père à l'enfant si le premier venait à disparaître, alors que la commère s'applique à la marraine.

honneurs[22] ». La marraine fournit la robe baptismale, à moins qu'elle n'ait été tirée de la robe de mariage de la mère. Et le bedeau sonne la cloche avec d'autant plus d'entrain que le montant dont le parrain l'a gratifié est important. De retour à la maison, une petite fête intime, agrémentée d'un goûter et de boissons (fournies par le parrain) réunit les participants.

À la naissance, l'enfant reçoit de son parrain une pièce de monnaie trouée qu'on suspend à son cou en guise de porte-bonheur et d'adjuvant contre les maux de dents[23]. En Gaspésie, on attache à son vêtement un petit sac contenant du mica dont la fonction est de lui assurer une longue vie. Ces pratiques rappellent que la mort rôde, tout près, et que les enfants y paient annuellement un tribut élevé[24]. Quand reviennent les épidémies de fièvre et les complications qui s'ensuivent, quand les chaleurs corrompent le lait et que « courent les maux d'été », les enfants sont les premiers touchés. Et chaque famille compte, dans son histoire, un certain nombre de morts d'enfants. Aussi souhaite-t-on que ces talismans seront capables d'évacuer les forces du Mal, de garder à distance le Mauvais Sort qui, à tout moment, peut s'acharner sur un enfant.

Le dernier-né dort toujours dans la chambre conjugale et il en est délogé lorsque sa mère donne naissance à un nouvel enfant[25]. Il perd alors son statut de benjamin pour entrer dans le groupe des autres enfants, ce qui parfois ne va pas sans heurts d'ordre émotif. Dans la famille nombreuse, les relations personnalisées ne sont souvent que le privilège de l'aîné et du benjamin. Les autres, à moins de faire preuve de déviance, sont vus par groupes ou sous-groupes. Mais l'enfant n'est pas abandonné pour autant. Maintenant qu'il a cessé de « chatonner* » et qu'il peut marcher, le groupe de ses frères et soeurs l'adopte. « Souvent, même à cet âge peu avancé, il fera partie des jeux des autres: il jouera le rôle du bébé. On le protège ou l'aide; il peut passer bien des heures en compagnie de ce groupe[26] ». En réalité, dans cette famille, l'enfant apprend bien plus par mimétisme que par éducation formelle. La mère n'a guère le temps de lui montrer le pourquoi et le comment des choses. À l'intérieur du groupe, il écoute donc, prend note des faits et gestes, puis imite. Une poupée de chiffons, quelques bouts de corde, un jouet de bois et des ustensiles de cuisine lui suffisent pour s'amuser.

* Se dit d'un enfant qui se déplace en se traînant.

Le premier enfant à naître est le plus important de la famille. Fille ou garçon, il se verra confier avec le temps d'importantes responsabilités. Après les parents, il sera le seul à pouvoir disposer d'une certaine autorité sur ses frères et soeurs. Dans cette société où, bien plus que les travaux de la terre, les valeurs mêmes sont masculines, le père est fier d'avoir un fils comme premier enfant. Pour lui, cet enfant de sexe mâle constitue la preuve parfaite de son talent de géniteur. Sans compter que, quoi qu'il advienne, il s'assure un successeur. Il y a des pères « qui font le jars* » le jour du baptême de leur fils aîné. Au fil des ans, le père souhaitera établir une complicité particulière avec ce fils. Aussi lui permettra-t-il, par exemple, après sa première communion, de prendre, comme il le fait lui-même, « trois ou quatre coups de rhum » par jour[27].

* Se pavaner comme le mâle de l'oie domestique. Le baptême est l'un des nombreux événements publics où l'homme se fait plus « ostensible » que la femme.

Durant la petite enfance, soit de la naissance à quatre ans, la discrimination entre petite fille et petit garçon n'intervient pas encore. L'un et l'autre, par exemple, peuvent porter la même robe[28]. Le jour, ils ne sont pas forcés de demeurer à la maison ou « dans la cour ». Ils peuvent aller de maison en maison et jouer où bon leur semble, pourvu qu'ils soient sous la surveillance constante des plus vieux. Dès les premiers temps chauds, au printemps, les jeunes enfants sortent pieds nus. Trois voyageurs étrangers le notent. L'un écrit: « Sur les portes de chaque habitation s'ébat une foule d'enfants rayonnant de fraîcheur et de santé. Et Dieu sait s'ils sont nombreux, les enfants, en ce pays! Les plus jeunes courent pieds nus pour la plupart, mais la propreté et la qualité de leurs vêtements, aussi bien qu'un coup d'oeil jeté dans l'intérieur des maisons autour desquelles ils se livrent à leurs jeux, montrent bien que ce n'est point par misère. Obligés pendant l'hiver de se couvrir d'habillements épais et de lourdes chaussures fourrées, ils aiment, comme nos enfants d'Alsace, à se dédommager de cette contrainte aussitôt que reparaît le soleil du printemps[29] ».

Le temps de l'insouciance se termine vers 7 ou 8 ans. Jusqu'à ce qu'il se marie et quitte le domicile familial, l'enfant doit maintenant contribuer à la subsistance de la famille. Les parents attendent beaucoup de son travail. Ils ont tant besoin de lui que, souvent, ils négligeront de lui faire fréquenter l'école. S'ils y consentent, c'est pour mieux le retirer sitôt qu'il a fait sa première communion. Filles et garçons se voient confier des tâches de soutien. Les filles mettent la table, préparent la soupe, lavent la vaisselle, voient au nouveau-né, époussètent et balaient. Leur mère les initie aux travaux du lin et de la laine. Les garçons apprennent de leur père les travaux de la terre. Ils vont chercher les vaches, puis les mènent au « clos ». Ils rentrent le bois de chauffage, travaillent aux moissons et aident à « faire le train » c'est-à-dire assurer les soins quotidiens que requièrent les animaux à l'étable. Sans leur aide, la charge de travail des parents s'en trouverait alourdie de beaucoup.

Au fil des ans, les enfants tiennent de leurs père et mère les avis et conseils qui leur permettront à leur tour, le temps venu, de fonder une nouvelle famille.

La première communion

En général, le temps des semailles est aussi le temps de la première communion*, un événement important dans la vie des fillettes et des garçons qui s'apprêtent à quitter l'enfance pour devenir pubères. Dans l'histoire de l'homme, chaque société a tenu à souligner ce passage à sa manière. Dans la vallée du Saint-Laurent, de tradition chrétienne, c'est la forme française de la première communion, imaginée par Vincent de Paul durant les années 1620, qui tient de rite.

* Le moment de l'année pour la première communion est laissé au libre choix du curé de la paroisse. Généralement elle a lieu en mai; mais ce moment peut varier. À Cap-Santé, elle se tient parfois en juillet ou en août.

Déjà, en 1215, le quatrième concile de Latran avait promulgué, pour pouvoir communier, la nécessité d'avoir atteint « les années de discrétion », soit entre sept et 16 ans. L'usage voulut par la suite que cet événement survienne vers 12 ans. Au 17e siècle, Vincent de Paul et ceux qui oeuvrèrent avec lui, responsables de missions d'apostolat et de charité auprès des pauvres des campagnes françaises, invitèrent les populations visitées à rassembler annuellement les enfants de la paroisse qui étaient aptes à communier à une grande démonstration de piété populaire[30]. Cet effort nouveau de catéchisation connut immédiatement beaucoup de succès et n'eut aucune peine à se maintenir.

Le long du Saint-Laurent, comme en France d'ailleurs, la première communion termine quelques années d'instruction religieuse assurée par la mère, le curé ou l'instituteur de la petite école. Puis, en mai, pendant une semaine au moins[31], le curé convoque les enfants à l'église pour des exercices préparatoires.

C'est ce qu'on appelle « marcher au catéchisme ». N'y sont admis que les enfants de 10 ans et plus ayant une bonne connaissance du petit catéchisme, y compris les prières. Maître d'oeuvre de l'événement, le curé sonde l'état des connaissances religieuses des enfants. Et, selon son jugement, il admet ou refuse un enfant à la communion. Les « cabochons », les « malcommodes » et les « bons à rien » doivent se reprendre jusqu'à trois fois avant d'y accéder.

En fait, dans les paroisses où il n'y a point d'école, les enfants ne sachant pas lire, il leur est d'autant plus difficile d'apprendre le catéchisme. Les curés en viennent donc à souhaiter la mise sur pied d'écoles primaires. « Ainsi, répètent-ils, on ne sera peut-être plus obligé, au moins aussi souvent, de renvoyer les enfants quand ils se présentent à la première communion pour cause d'ignorance de leur catéchisme, ce qui est presque général chaque année.[32] ».

Le jour de la cérémonie, qui se tient à l'église, les garçons prennent place à droite et les filles à gauche. Plus à l'arrière, la parenté les accompagne. Tenant un cierge à la main, symbole de pureté, ils font profession de foi, renoncent à Satan, « à ses oeuvres et ses pompes », et renouvellent les promesses de leur baptême. Au moment de la communion, ils s'approchent deux par deux de la « sainte table » pour recevoir l'hostie. De retour à la maison, le premier communiant est l'objet d'une fête, doublée d'un grand repas réunissant tous les membres de la famille*.

* Suite à cet événement, le premier communiant s'assure désormais une place permanente à la grande table de la cuisine. Précédemment, on pouvait le contraindre à s'attabler au panneau ou sur le billot.

La Fête-Dieu

La Fête-Dieu, d'abord appelée fête du Saint-Sacrement, est celle qui dans l'esprit des gens clôt le printemps. Elle a lieu 60 jours après Pâques et quatre jours après le dimanche de la Trinité[33]. C'est l'évêque de Liège, en Belgique, qui en eut l'idée en 1246, et le pape Urbain IV, pendant son siège de 1261 à 1264, la consacra fête universelle et obligatoire. Au début, on célébrait seulement une messe qui accordait des indulgences à tous ceux qui y assistaient. En 1317, le pape Jean XXII recommanda de l'accompagner d'une procession solennelle au cours de laquelle une hostie consacrée, représentant le corps du Christ,

Calvaires et croix de chemin

La coutume d'ériger des calvaires et des croix de chemin s'apparente à celle de la plantation du mai. Chez les hommes, la croix et le mai ont toujours représenté des paratonnerres capables d'évacuer les forces du Mal. Aussi plongent-ils leurs racines très loin dans la nuit des temps. Le 24 juillet 1534, en disant prendre possession du Canada au nom du roi de France, le premier geste de Jacques Cartier fut de planter une croix. Beaucoup, par la suite, l'imitèrent. Tellement qu'en 1750, chaque paroisse de la vallée du Saint-Laurent compte deux, parfois trois croix de chemin. Le Suédois Pehr Kalm écrit: « Durant tout mon voyage à travers le Canada, j'ai rencontré des croix dressées ici et là sur la grand-route. Elles ont une hauteur de deux à trois toises et sont d'une largeur en proportion; bien des gens disent qu'elles marquent la limite entre les paroisses, mais il y a plus de croix que de frontières. »

On ne plante jamais la croix au hasard. On cherche toujours l'endroit le plus propice, celui qui convient le mieux aux habitants d'un rang, par exemple. On érige la croix au bout d'une montée, sur un « button » ou à un croisement de chemins, afin qu'elle puisse être aperçue de loin. Elle devient point de repère pour le voyageur, démarcation d'un territoire. On habite « à une lieue, dit-on, passée la croix ». Le site est sacré; pour le protéger des bêtes, on l'entoure d'une clôture. Devant la croix, on s'incline, on se signe ou on se décoiffe. Elle assure protection à ceux qui la voisinent, la fréquentent et l'entretiennent. D'ailleurs, elle voisine souvent la maison d'un habitant qui pourvoit à son entretien.

Les grandes processions de la Saint-Marc, des Rogations et de la Fête-Dieu font toujours une halte importante devant la croix. Mais pour prier plus simplement, on peut s'y rendre à volonté et aussi souvent que le besoin l'exige. Quand se profile une menace, un fléau, tels une sécheresse ou un excès de pluie, une recrudescence d'incendies, une invasion de chenilles ou de sauterelles, ou une épidémie de choléra, on se regroupe autour de la croix pour demander protection. Durant les premières années d'un territoire ouvert à la colonisation, la croix est en quelque sorte la première chapelle. Faute de messe, on s'y rassemble le dimanche matin pour faire la prière.

De 1800 à 1850, les croix de chemin continuent de proliférer dans la vallée du Saint-Laurent. Par ailleurs, on construit tout autant de calvaires. La plupart du temps, les croix comme les calvaires originent de l'initiative d'individus qui veulent conjurer les fléaux naturels ou commémorer un événement. Le calvaire de Baie-Jolie, près de Trois-Rivières, rappelle la mort en 1820 de trois enfants dans un incendie; celui du rang des Mines, à Saint-Augustin de Portneuf, le site de la première chapelle. Quant à celui de Saint-Antoine-de-Tilly, il est l'oeuvre d'un habitant qui voulait remercier le ciel. Il était l'un des rares survivants de cette chaloupe pleine à craquer qui, revenant du marché de Québec un samedi soir de tempête, chavira en face de Saint-Nicolas.

De 1830 à 1845, on note, telle une mode, la construction de petites chapelles de chemin, dites « chapelles de procession ». Il s'en bâtit une dizaine, surtout dans la région de Québec, mais également à Saint-Constant et à Laprairie, au sud de Montréal. Ces chapelles, faites de bois ou de pierres des champs, servent de lieu de culte et de rassemblement pendant les grandes processions. Comme leur construction exige des déboursés plus élevés que la croix ou le calvaire, elle nécessite une souscription populaire ou un don important d'une riche famille.

Léopold Désy et J.R. Porter, *Calvaires et croix de chemin du Québec* (1973); *Voyage de Pehr Kalm en Canada en 1749* (1977): 430. Gérard Morisset, « Chapelles de procession », *Concorde* 11 (juil.-août 1960): 3-5.

La procession de la Fête-Dieu au « cap Blanc », à Québec, au début du siècle. On balise encore les rues, comme on le faisait 250 ans plus tôt au début de la colonie. Pour décorer les maisons, on utilise toutes les variétés de drapeaux qui tombent sous la main, qu'ils rappellent le pape, le Sacré-Coeur, la bataille de Carillon, la France ou l'Angleterre.

Page suivante: le calvaire de Saint-Augustin, eau-forte de H. Ivan Neilson, datée de 1916.

serait offerte à l'adoration des fidèles.

Cette pratique se perpétuait avec beaucoup de ferveur trois siècles plus tard sur les rives du Saint-Laurent. On rapporte, par exemple, qu'aux premiers temps de Montréal, « il y a plusieurs processions autour de l'église, mais celle du jour du Saint-Sacrement est un grand moment. Les habitants nettoient les rues, « arborent la façade de leurs maisons aux us et coutumes du pays » et les soldats tirent fusils et arquebuses pour ponctuer ces élans de dévotion[34] ».

Au 19e siècle, la coutume se maintient et on met beaucoup de soins à la préparation de la fête. Deux semaines avant, les marguilliers, de concert avec le curé, s'entendent sur les derniers arrangements. Puis, ce dernier, au prône de la messe du dimanche, rappelle aux fidèles le trajet emprunté par la procession, l'ordre du défilé et le lieu d'érection des reposoirs. En général, lorsque cela est possible, on dispose les reposoirs de manière qu'une bonne partie du territoire paroissial soit visité. Bien que la croix de chemin ou la chapelle de procession tiennent souvent lieu de relais, il arrive que l'emplacement des reposoirs varie d'une année à l'autre et que l'on ait à en ériger un chez soi, ce que l'on considère comme un grand honneur. Les familles décorent la façade de leur demeure; on érige au-dessus de la route des arcades de verdure, véritables monuments architecturaux de pin, de sapin et de cèdre; on balise tout le parcours de la procession.

Le jour de la fête, les paroissiens se rassemblent à l'église. Chacun « s'est mis sur son trente-six* ». Après la célébration de la messe, on forme le cortège à l'extérieur, sur la place de l'église. La déception est générale, lorsque le mauvais état des routes ou le temps maussade oblige à renoncer à la procession[35]. On interprète d'ailleurs ce fait comme un signe de mauvais présage. S'il pleut à la Fête-Dieu, il pleuvra les quatre dimanches à venir et il faut s'attendre à de mauvaises récoltes. Mais s'il fait beau, la joie est à son comble. Par delà le caractère religieux de cette manifestation populaire, tous semblent aimer son faste et son décorum.

Le porte-croix et deux acolytes ouvrent la marche. Suivent les petites filles, les petits garçons, les femmes, puis les hommes, chaque groupe étant séparé par un paroissien tenant une bannière. Derrière les hommes, viennent les enfants de choeur avec

* Expression populaire pour désigner le fait de revêtir ses plus beaux habits. Elle viendrait peut-être d'une vieille expression française, « se mettre sur son trente et un », qui aurait elle-même été la déformation de « se mettre sur son trentain », du nom d'un drap de luxe que seuls les riches portaient.

INRI

La parole et l'écrit

Dans la vallée du Saint-Laurent, l'habitant ne tient guère en haute estime l'instruction. De 1801 à 1830, un enfant sur 20 fréquente l'école. « On y voit des paroisses où il n'y a pas d'école; on dit que dans quelques autres il y a des maîtres sans écoliers; et il est certain qu'il y a des maisons d'école sans instituteur ni écoliers. » En 1829, un voyageur anonyme constate qu'il y a dans la région de Trois-Rivières « de grandes paroisses, des villages considérables, sans une seule école élémentaire. Le témoignage est le même pour la Côte-du-Sud et la vallée de la Richelieu. Les parents se désintéressent de l'école, souvent s'en méfient.

« On y est généralement persuadé que les habitudes contractées dans les écoles et dans les collèges font perdre le goût du travail, celui surtout des occupations de l'agriculture. On croit que les individus élevés dans les collèges, au sein des villes, y puisent trop souvent des sentiments de vanité, qui les font ensuite rougir de leur condition. Les enfants de la campagne qui ont été au collège croiraient, dit-on, s'abaisser et s'avilir en embrassant la profession de leurs pères. » Cette civilisation, tournée depuis 200 ans vers les travaux de la terre et le rythme des saisons, est tout orale et la parole bien plus que l'écrit véhicule les connaissances. Le journal montréalais *La Minerve* écrit en 1827: « Ce qui nous fait croire qu'une éducation courte et pratique serait avantageuse au peuple de ce pays, c'est que chez les Canadiens tout est pratique et habitude; il y a une espèce d'éducation orale et une logique naturelle, qui se transmet d'une génération à l'autre, qui forment le spectacle d'un peuple sensé et policé sans la connaissance des lettres. »

Dans les agglomérations importantes, les quelques collèges et couvents sont fréquentés par les enfants dits « de bonne familles ». Cependant, des laïcs philanthropes, convaincus du bien-fondé d'une instruction générale et pratique, fondent des écoles. À Québec, Joseph-François Perrault, surnommé familièrement « le grand-père Perrault », en ouvre deux au début des années 30. Plus de 600 élèves y suivent des cours dont la durée est proportionnée à l'âge de chacun. On montre d'abord aux enfants à écouter, à ne pas parler sur un ton élevé, à ne pas voler la parole ni crier à tue-tête pour « enterrer » les autres. Les commençants apprennent à écrire sur le sable. Leur table est munie d'une tablette noire avec un rebord sur laquelle l'enfant étend une couche de sable blanc. Puis avec l'index il reproduit les lettres tracées au tableau noir par le professeur.

L'avant-midi, on enseigne la lecture, l'écriture, le calcul et la religion. L'après-midi, les activités diffèrent. À l'école des filles, qui est équipée de métiers propres à confectionner les toiles et les étoffes, on apprend à échiffer, carder, filer, tisser, tricoter et coudre. À l'école des garçons, pourvue d'outils de menuiserie et de charronnerie, on acquiert des notions d'agriculture et de jardinage, et on fabrique des instruments aratoires. Ce n'est que durant les années 1840 que le gouvernement instaurera un système d'écoles publiques.

L'Abeille canadienne, nov. 1832; *La Bibliothèque canadienne* janv. 1828, 1er juil. 1829; *La Minerve*, 5 juil. 1827; P.-B. Casgrain, *La vie de Joseph-François Perrault, surnommé le père de l'éducation du peuple canadien* (1898): 110-126.

l'encensoir et les fanaux. Le curé suit, portant à la hauteur des yeux l'ostensoir. Ce sont les marguilliers qui ont l'honneur d'être les porteurs attitrés du dais. Le corps des miliciens ferme le défilé. Chemin faisant, on prie et on chante. Les cloches de l'église sonnent à pleines volées. De petites filles, appelées « fleuristes », laissent tomber sur le sol des pétales de fleurs qu'elles apportent dans un panier. Certains voient à ce que les enfants évitent le pas de course ou la distraction.

Au premier des reposoirs, le curé dépose l'ostensoir, entonne le *Tantum ergo*, que les fidèles reprennent en choeur, récite une oraison et procède à l'encensement. Puis, tous adorent le saint sacrement et les miliciens tirent une salve, ce qui met un terme à la halte. Le cortège se reforme et reprend la route vers le prochain reposoir, où se répète la même cérémonie. Toute la procession se passe ainsi. De retour à l'intérieur de l'église, le curé bénit les fidèles au moyen de l'ostensoir, ce qui conclut cette manifestation de piété.

Comme le dimanche matin, on se retrouve, satisfait, à bavarder sur le perron de l'église. Certains hommes discutent d'une voix tonitruante. Nombre de femmes étrennent avec fierté leur nouvelle robe. Les enfants entourent les miliciens pour voir de près leurs fusils. Un peu à l'écart, un jeune couple d'amoureux se conte fleurette. Au loin s'en vont deux vieux qui préféraient ne pas s'attarder.

Les activités domestiques

Page précédente: la corvée du bois de chauffage, à Saint-Pierre de l'Ile d'Orléans.

Tout au long de l'année, le paysan se livre à un certain nombre d'activités domestiques. Par simple foi ou par obligation, par commodité ou par réalisme, il s'adonne à chacun de ces travaux à un moment bien précis. Il serait impensable, par exemple, qu'il procède à de grandes boucheries en plein coeur de juillet, alors qu'aucune technique de conservation ne lui permettrait de garder la viande plus que quelques jours. Aussi, à chaque saison son labeur, et au printemps sa « couleur ».

Le fendage du bois

Pendant l'Avent ou après les fêtes, l'habitant s'était rendu sur sa terre en bois debout pour abattre, puis ébrancher les arbres qui lui serviraient de combustible*. Il les avait par la suite « hâlés du bois** » et appuyés debout, l'un contre l'autre, sur le mur de la grange. Maintenant il lui faut démembrer ces « longères » et scier chaque arbre, un à un, en bûches de 45 ou 60 centimètres, selon le feu auquel il est destiné.

À mesure que le travail progresse, les bûches jetées à peu de distance s'accumulent pêle-mêle et en viennent à former une pyramide. Puis chaque bûche est fendue à la hache en deux, quatre, six ou huit quartiers, suivant son volume. Plus le bois est gelé, mieux il se fend. C'est la raison pour laquelle, début mars au plus tard, le cultivateur doit achever cette besogne. Les rondins qui n'ont que six à huit centimètres de diamètre sont laissés dans cet état. Mais ils font le désespoir de la ménagère qui prétend qu'un rondin « étouffe » souvent le feu. Peu à peu donc, sous les coups de hache de l'habitant, la pyramide de bois rond disparaît pour faire place à deux tas de bois, l'un de bois franc, l'autre de bois mou. On ne tarde pas pour corder ce bois, car il est sujet à pourrir au centre du tas.

* Le temps le plus propice est celui « des Avents », soit les quatre semaines précédant Noël. Le bois est, dit-on, à son meilleur et les chemins, durcis par la gelée, sont faciles d'accès.

** Sortis de la forêt.

Le sucre du pays

Sitôt qu'arrive la fin du mois de mars, que la température durant la journée s'élève régulièrement au-dessus du point de congélation et que le soleil réchauffe l'écorce des arbres, une sève toute spéciale, riche des sucs de l'hiver, se met à courir dans

Les sucres, à Beaupré, en 1914.

le tronc et les branches. Plus sucrée que la sève de l'été, elle alimente l'arbre dans ses moindres rameaux pendant les trois ou quatre premières semaines du printemps, lui apportant une vigueur toute nouvelle. L'habitant sait depuis que l'Amérindien le lui a appris, que l'érable à sucre et l'érable rouge, vulgairement appelé plaine, sont les arbres de la forêt qui regorgent le plus de cette sève. Le moment venu, accompagné de ses fils lorsqu'ils sont en âge de lui prêter main-forte, il gagne son érablière.

Sur place, « à côté d'un campement passager », on installe d'abord de grands bacs suspendus à des perches, sous lesquels on fera le feu. Puis, c'est l'entaillage. À une hauteur raisonnable du sol, on pratique une incision sur chacun des arbres choisis au moyen de la hache ou de la gouge. La sève s'égoutte le long d'une goutterelle de cèdre dans une auge de sapin placée au pied de l'arbre[1]. Pour obtenir une bonne récolte d'eau d'érable, il ne reste plus à l'entailleur qu'à souhaiter des nuits de gel alternant avec des jours de dégel. Le froid durant la journée, la bise du nordet et la pluie sont des grands ennemis.

L'habitant s'aide du joug et de deux tonneaux pour « courir les érables », la besogne la plus harassante de la saison des sucres. Raquettes au pied, sur un terrain souvent accidenté ou encombré de branches, à la merci du moindre ruisseau caché sous la neige, il fait quotidiennement la tournée des arbres pour alimenter d'eau les bacs qui servent de bouilloires. On chauffe le liquide jusqu'à ce qu'il soit si épais « que la cuiller ne puisse plus y tourner ». « Lorsque cette épaisseur est obtenue, on transvase la pâte dans un moule ou un vase, à volonté, et lorsqu'elle est refroidie, le sucre est prêt[2] ».

Deux personnes peuvent au cours d'une saison fabriquer sans difficulté 200 livres de sucre. Pendant les 15 derniers jours d'avril, alors que le rendement des érables diminue, on profite des heures libres pour préparer le bois de chauffage de l'an prochain. Mais le sol imbibé d'eau ralentit le travail et il faut souvent revenir à l'automne pour achever cette besogne. Les dernières coulées servent à fabriquer « un sirop excellent pour la poitrine et pour l'estomac et qui peut être en outre utilisé pour la confection de toutes les confitures et des fruits confits[3] ». Un villageois de Saint-Hyacinthe en tire même du vinaigre. « Voici la méthode: faites bouillir l'eau d'érable jus-

La fabrication du sucre du pays vers 1860. Le tableau ci-dessous est de Cornelius Krieghoff.

qu'à ce qu'elle soit réduite de moitié; mettre ensuite cette eau réduite dans un baril, dans un endroit pas trop froid; au bout d'un mois et demi, vous aurez un vinaigre passable et, au bout de trois ou quatre mois, ou aussitôt que l'eau est calée, vous aurez du vinaigre supérieur au meilleur vinaigre d'Europe[4] ». Et le journal qui reproduit le procédé d'ajouter qu'une livre de sucre d'érable dissous dans un gallon d'eau donne le même résultat.

Le sucre d'érable est le seul sucre consommé dans les campagnes. Grâce à l'écoulement de ce produit sur les marchés de la ville, l'acériculture peut même représenter pour le cultivateur un important revenu d'appoint, à l'heure où le blé servant à faire le pain se vend de plus en plus cher. Un journal écrit: « On doit considérer comme un grand avantage les terres où il croît beaucoup d'érables et de plaines; un cultivateur laborieux en retire presque toujours un produit assez considérable. Si les travaux qu'il faut faire pour exploiter une sucrerie sont durs et pénibles, on en est presque toujours indemnisé par un revenu annuel, qui souvent répare une mauvaise récolte et avec lequel on peut se procurer le pain de ménage ou autres nécessités et besoins qui peuvent survenir dans le cours d'une année par des pertes et des accidents imprévus[5] ». Durant les années 1830, période de récession économique, même s'il est fait mention qu'à la ville la cassonade des Antilles remplace souvent le sucre du pays, la production de ce dernier monte en flèche[6]. Et tout laisse croire qu'elle n'ira qu'en augmentant puisqu'en 1851, elle atteint 10 millions de livres[7].

La production du sucre d'érable connaît de lentes transformations techniques au cours du 19e siècle. Ce n'est que vers 1830 que des baquets de bois remplacent les auges au pied des arbres et une vingtaine d'années plus tard, on installe des bouilloires sur des voûtes en pierre, sous lesquelles on fait le feu. En 1865, on commence à utiliser la bouilloire de tôle de Russie à fond plat. Le chalumeau, le baquet et la bouilloire étamés ne sont adoptés qu'à partir de 1870 et les premiers évaporateurs datent de 1875.

À noter que le passage du sucre au sirop se fait avec le tournant du siècle. En 1890, on ne produit encore que du sucre d'érable pour le marché, alors que, quinze ans plus tard, il se fait autant de sirop que de sucre[8].

Le savon et le lessi

Rien ne se perd dans la maison d'un habitant. Pendant l'hiver, même les restes de table, la graisse de porc ou de boeuf et les os qu'on prend soin de broyer sont conservés. Ils forment le « consommage » ou « consommé », premier ingrédient à entrer dans la composition du savon domestique. Le retour des premiers beaux jours du printemps force la ménagère à fabriquer son savon. « Le consommage, quand vient le doux temps, dit Cédulie Gosselin de Saint-François, ça sent mauvais[9] ». Alors, au grand air ou dans l'âtre du fournil, elle fait bouillir ces déchets de cuisine dans le plus grand chaudron de fonte, pour en extraire toute la graisse. Les résidus de ce mélange qu'elle coule sont répandus sur l'emplacement du potager et enrichiront le sol.

L'extraction du gras n'est que la première étape. Le lendemain, commence la fabrication comme telle, qui exige de l'attention et une surveillance de chaque instant. Des erreurs dans la durée de l'ébullition du liquide, dans l'intensité convenable du feu, peuvent faire perdre complètement la brassée ou donneront un produit trop dur ou trop mou. Une bonne brassée nécessite 20 livres de gras, 30 pintes* d'eau, 10 livres de résine, cinq livres de gros sel et deux pintes de lessi.

* Une livre équivaut à 454 grammes et une pinte, 1 ⅛ litre.

« Le lessi, ou lessive de cendres, s'obtient en versant de l'eau bouillante sur de la cendre de bois franc dans une grande cuve. L'eau, filtrée par la cendre, s'écoule très lentement par un petit trou percé sous la cuve. « L'eau est assez forte si elle semble douce aux doigts et trop forte si une seule goutte pique la langue ». On emploie aussi ce lessi avec de l'eau froide pour tremper le linge[10] ».

Il est important de bien nettoyer le chaudron de fonte dans lequel on verse les divers ingrédients; la rouille, les déchets, les restes d'une brassée précédente ne feraient qu'entacher le savon. On amène d'abord l'eau à ébullition, avant d'y verser le lessi et d'y faire fondre la résine. Puis tout le gras est mis à bouillir dans ce mélange pendant 45 minutes. À ce stade de la saponification, il faut brasser sans arrêt avec la palette en bois pour empêcher le gonflement et le débordement. Un peu de neige à portée de la main permet aussi de réduire le bouillonnement. À la fin, graduellement, sur un feu ralenti, le sel est ajouté

« Le brassin de savon », de Rodolphe Duguay, gravure sur bois.

au mélange « pour faire prendre le savon ». Lorsque le liquide « s'attache à la palette et tombe lentement en nappe » — certains disent: « Lorsqu'une goutte flotte dans l'eau froide » — on retire le chaudron du feu pour le laisser reposer pendant 24 heures.

Ce n'est que le lendemain qu'on peut être certain de la réussite de l'opération. La ménagère découpe le mélange refroidi en bandes rectangulaires de grosseur irrégulière. Un grain fin, une bonne consistance et une couleur tirant sur l'or permettent de laisser échapper un soupir de soulagement: la provision familiale annuelle est assurée. Et jusqu'à ce qu'elles servent, les nombreuses « barres de savon » sont entreposées au grenier.

La tonte des moutons

Produit d'une importance capitale, la laine est, avec le lin, le matériau le plus utilisé pour la confection des vêtements*. Presque toute la garde-robe d'hiver est de laine: chaussons, chemises, jupes, culottes à la bavaloise, vestes à longues manches, capots, bougrines, crémones, capuches, tuques et mitaines. En cette saison, on dort même dans des draps de laine. Conséquemment chaque ferme possède quelques moutons. Et quand reviennent la corneille et l'alouette, quand fond la neige autour des arbres, il faut penser à les tondre. Dans la région de Montréal, au climat plus chaud, les cultivateurs de Longue-Pointe et de Pointe-aux-Trembles attendent pour ce faire que soit passé « le vent des moutons », un gros vent du nord-est qui arrive fin-mars, dure quelques jours et annonce l'arrivée définitive du printemps[11]. À Rivière-Ouelle, cela ne va pas avant la mi-avril. On juge alors qu'on peut déshabiller les moutons de leur laine sans qu'ils risquent le coup de froid, puisqu'ils sont encore à l'étable. De toutes manières, répète-t-on, « à brebis tondue, Dieu mesure le vent ».

* À un degré moindre cependant, on se sert également du cuir, de la fourrure et de la paille.

Tondre un mouton n'est pas chose aisée. Travail fait indifféremment par l'homme ou la femme, à moins qu'on ne s'y mette à plusieurs, il faut d'abord attacher les pattes de l'animal et le coucher par terre. Puis au moyen de ciseaux, appelés « forces », on tond un premier côté. L'animal est par la suite tourné sur le

dos, tâche que la femme arrive à faire seule, si la brebis à déjà mis bas. Cependant si la moutonne est pleine, on se met à deux pour la déplacer, car le poids de sa portée peut amener la congestion et la faire mourir[12]. Il faut mettre une heure pour tondre un mouton et la production de laine de six ou sept bêtes comble les besoins annuels de la famille.

La tonte achevée, le traitement de la laine débute. Il y a long de la brebis à la bougrine. La laine est d'abord liée avec de la paille, puis tenue en bottes dans un endroit sec à l'abri du soleil et de la poussière. Beaucoup la montent au grenier ou à la tasserie* et la laissent ainsi reposer dans son état originel jusqu'en mai. « La laine se conserve plus longtemps en suint que dégraissée ». Sans compter qu'une laine fraîchement tondue se laisse moins bien nettoyer qu'une autre qui a reposé un certain temps.

* Partie de la grange, qui surplombe souvent l'étable, où on entasse le foin.

Un beau jour de mai, la ménagère apporte les ballots de laine à la rivière. Après avoir trié les diverses sortes de laine qui composent une toison, elle les place séparément dans des paniers qu'elle plonge dans l'eau courante. Sinon elle recourt à une cuve ou un grand chaudron de fonte plein d'eau fraîche qu'elle renouvelle constamment jusqu'à ce que le liquide ne soit plus brouillé par le lavage**. La femme ne peut laver plus qu'une tonte par après-midi, car elle doit voir aussi aux travaux réguliers de la maison. Et la laine sera d'autant mieux disposée à recevoir la teinture que le dégraissage aura été plus complet.

** On déconseille l'utilisation d'eau chaude qui ferait fouler la laine et celle du savon du pays qui en abimerait les fibres.

Ce nettoyage teminé, la laine est mise à sécher au soleil. Puis on convoque les voisines à l'écharpiller, c'est-à-dire à en démêler les fibres et à enlever les brins de paille et autres corps étrangers. Pour cette corvée, on étend au milieu de la cuisine un drap de lin et on dispose les chaises tout autour. Chaque femme prend une poignée de laine, la place sous son bras et la démêle avec les doigts. Bien entendu, on jase beaucoup et on chante souvent pendant cette corvée. Pour chacune, c'est l'occasion d'échanger les dernières nouvelles. Et à la fin de la journée, un amas de belle laine repose sur le drap de toile.

Il restera l'étape du cardage, où l'on peigne la laine pour la rendre plus soyeuse***. Le filage, lui, consistera à tordre les brins au moyen d'un rouet pour en former un fil continu. Et c'est ce fil de laine qui, l'hiver suivant, sera tricoté ou tissé.

*** On a longtemps cardé la laine à la main, à l'aide de deux petites planches de bois couvertes de tiges de fer. Mais maintenant, lorsqu'on le peut, on l'envoie au moulin le plus proche. En 1851, on compte 136 moulins à carder en opération dans la vallée du Saint-Laurent.

Le grand ménage

Le mois de mai qui achève signifie la fin des contraintes imposées par l'hiver. La longue saison du chauffage des maisons se termine comme elle a commencé, par des « attisées* ». Le poêle cesse d'être le centre de la vie. Le temps s'est tellement radouci qu'il ne s'agit plus maintenant que de « casser l'humidité » ou de se prémunir contre la fraîcheur du sol. On finit ainsi de brûler les 25 cordes de bois. Le « tambour », ce vestibule de bois qui empêchait de « geler la maison » chaque fois que quelqu'un entrait, n'est plus nécessaire. Le père le démonte donc pour le remiser jusqu'à l'automne. La porte condamnée est réouverte.

* Bon feu produit par une quantité de bois qu'on ne renouvelle pas.

La mère et ses filles entreprennent le grand ménage du printemps. On roule les tapis et les catalognes pour les battre à l'extérieur. On enlève les tuyaux « au moyen desquels la chaleur pénétrait dans tous les appartements[13] ». On lave le poêle et on le polit d'une couche de mine de plomb. Armé de brosses de soie de cochon ou de crins de cheval[14], on nettoie les planchers, les plafonds et les murs. Toutes les pièces y passent. On aère les matelas de plumes et les couvertures de laine. On renouvelle parfois la paille des paillasses. On range les vêtements d'hiver dans les coffres, en prenant bien soin d'y intercaler quelques branches de cèdre, qui leur donneront bonne odeur, tout en les préservant des mites.

Puis, lorsque le beau temps semble arriver, pour quelques jours, les voisines se retrouvent à un endroit convenu le long du ruisseau, de la rivière ou du fleuve pour exécuter la corvée du grand lavage[15]. Là, on installe de larges chaudrons pour le « bouillage du linge ». On dresse aussi de longs « bancs à laver » faits de madriers, sur lesquels pendent les draps, les toiles, les nappes, les rideaux et les tapis, on frappe les pièces les plus résistantes avec le battoir** pour en déloger la « manivolle », cette fine poussière qui, au fil des jours, s'incruste dans les fibres du tissu. Puis on met le tout à bouillir dans une solution d'eau courante et de lessi, avant de battre à nouveau. Le battage du linge est important; il remplace le frottage à la main. On bat toujours en chantant et en cadence, car, dit-on, le rythme fait oublier la fatigue. Battues, récurées et rincées, les pièces sont mises à sécher sur l'herbe, les arbustes et les pagées de clôture.

** Large palette de bois, appelée aussi « batoué » ou « battoé ».

Le grand ménage terminé, on ne réhabite pas la maison; on déménage dans la cuisine d'été. C'est là un autre dédoublement provoqué par les variations climatiques extrêmes. Annexée à la maison, la cuisine d'été est bâtie sans fondation, ni doubles portes et fenêtres. Lorsqu'il faut descendre une ou deux marches pour y accéder, on la dit « bas-côté ». Le mur intérieur n'est jamais lambrissé et le mobilier n'est guère soigné. La table est à tout usage; aussi porte-t-elle les injures du temps. En hiver, le bas-côté sert de chambre froide aux provisions alimentaires et de remise aux pelles, raquettes, traînes et traîneaux. En été, toute la vie s'y transporte; on ne regagne la maison que pour se coucher le soir.

Plus souvent qu'autrement, la cuisine d'été forme un bâtiment séparé de la maison et est « distant de vingt ou trente pas ». On l'appelle alors « fournil » ou « hangar ». Pièce unique, mais spacieuse au centre de laquelle s'élève une cheminée monumentale faite de pierres des champs blanchies à la chaux, le fournil sert en hiver de remise ou de « boutique » où travaillent les hommes. Au printemps, on range les outils et la famille y trouve refuge. « Du moment qu'il faisait beau, on prenait une bonne journée que les hommes ne travaillaient pas; j'envoyais chercher ma mère pour avoir soin des enfants dans la maison, puis là, on s'en allait dans le fournil[16] ».

La famille est heureuse; le décor est nouveau. « On s'y replonge chaque jour avec délice[17] ». L'intérieur non lambrissé laisse voir la charpente rugueuse de tout l'édifice. Près de la porte, des « frocs* » et des chapeaux de paille pendent au mur. Par terre, les sabots de « bois blanc** » pour les jours de pluie. On a tiré la vieille table, apporté les chaises droites, les berçantes et le « siau*** » d'eau. Un vieux buffet sert de range-vaiselle. Près de la fenêtre, une petite table porte le panier à ouvrage. Tout près tourne le rouet pendant les moments libres de grand-mère. Parfois, on entend chanter le grillon à travers les fentes du plancher mal ajusté.

* Tunique ample que porte l'habitant pour travailler.

** Nom populaire du tilleul, un bois mou et léger qu'utilisent beaucoup les sculpteurs. Il sert aussi à la fabrication des jouets d'enfants, des pelles à neige et des canots creusés dans un tronc d'arbre.

*** Forme antérieure du mot seau. On utilise aussi beaucoup le vieux terme de « chaudière » pour désigner le seau.

La sortie des animaux

Le premier juin marque la date officielle de la sortie des animaux. On estime la terre assez sèche, les nuits suffisamment

chaudes et l'herbe assez longue pour que les bêtes vivent à l'extérieur. Déjà, depuis un mois, afin de leur permettre de profiter des premiers jours chauds, on les sortait pendant quelques heures. Mais le soir, ils devaient rentrer à l'étable. Certains habitants, « pour entretenir, croient-ils, la santé de leurs bestiaux et prévenir les maladies auxquelles ils sont sujets à la suite de l'hivernement », les purgent en leur donnant pendant quelques jours des jeunes pousses de résineux pour seule nourriture. « D'autres se contentent de faire tout uniment infuser ces branches ou bourgeons dans de l'eau qu'ils font boire à leurs animaux. Il en est enfin qui, pour parvenir au même but, prennent une voie plus courte: c'est de conduire les animaux dans les bois où il se trouve de ces arbres, au printemps, avant que l'herbe ait commencé à croître dans les pâturages. On sait avec quelle avidité les animaux attaquent les arbres dans cette saison, pour en manger les bourgeons et les rameaux, et il n'en faut pas plus pour produire l'effet désiré[18] ».

* Sept mois pour les vaches laitières et les veaux qui sont à l'étable depuis la Toussaint.

Les six mois de stabulation* auxquels l'hiver oblige sont si coûteux en foin qu'à la sortie des animaux, la provision de fourrage est épuisée. En 1837, on note que, si les vaches sont si rares sur la rive nord du Saint-Laurent, entre Sainte-Anne-de-la-Pérade et Saint-Augustin de Portneuf, c'est qu'on manque surtout de moyens de les nourrir pendant des hivers encore plus longs que ceux de la région de Montréal. Certaines années, la misère est grande au printemps. Le 29 avril 1841, la seigneuresse de Saint-Hyacinthe, Émery Papineau, écrit à son fils: « Cette année, ce printemps, il est impossible de décrire la pénurie qu'il y a partout dans toute l'étendue de la province par rapport à la nourriture des animaux; le foin ne se vend pas moins de 20 à 25 piastres par cent bottes, la paille moitié prix et encore on n'en trouve pas comme on veut; de bons cultivateurs sont obligés de découvrir leurs granges et de donner à leurs animaux ces pailles sèches depuis 6 ou 7 ans. D'autres donnent les patates qu'elles avaient conservées pour leurs semences, d'autres leur avoine, orge, sarrasin, pois et même blé et néanmoins à peine la neige est-elle partie la terre est encore très molle, il se fait encore du sucre; puis nous sommes pourtant au mois de mai après demain. Il est encore heureux que tous les labours aient été faits l'automne dernier sans cela la moitié des animaux seraient tombés sous le travail. Ils auront encore trop de hersage. Tous les jours, on nous rapporte qu'il en meurt de faim ou de maladies causées par la mauvaise nourriture. Assurément si l'année n'est pas meilleure pour les grains que ces années passées, il y aura une véritable famine l'hiver prochain[19] ».

On place généralement tous les animaux dans le même champ. Matin et soir, les enfants vont chercher les vaches pour la traite, puis les reconduisent. Il arrive qu'on réserve les prés les plus riches aux bêtes à cornes et aux chevaux. Les moutons, moins exigeants, se satisfont alors des sols pauvres. Les terrains marécageux ne reçoivent que les porcs et les oies.

Dans un bon pâturage, on trouve toujours une source d'eau fraîche destinée aux animaux. Une vache boit 16 litres d'eau par jour; un boeuf ou un cheval, près de huit[20]. Lorsque le clos ne jouxte pas un cours d'eau, si petit soit-il, il faut installer de grands bacs ou des citernes qui serviront d'abreuvoirs et qu'on remplira régulièrement. À Sainte-Victoire, à Saint-Robert et à Saint-Aimé, un pays plat et fertile, mais peu « sourceux », situé à quelques kilomètres au sud de Sorel, chaque ferme possède deux puits assez profonds: l'un près de la maison, l'autre dans le champ. « Ce dernier servait à abreuver les animaux en pâturage durant les mois d'été. Les roches qui avaient servi à empierrer ces puits (on disait « pierroter ») avaient parfois dû être transportées de très loin[21] ».

Dans un pâturage, les animaux doivent pouvoir trouver refuge contre les chauds rayons du soleil d'été, sinon ils peuvent être frappés d'insolation grave. L'abri le plus naturel est certainement la protection de quelques arbres qu'on a évité de couper. À ce titre, l'orme, qui est « sans contredit le plus bel arbre de l'Amérique septentrionale », figure fréquemment en solitaire dans les champs. « L'arbre porte souvent son feuillage très haut; il en résulte une ombre mobile, selon les heures du jour, suffisante pour fournir un abri aux bestiaux et qui n'exerce pas d'action nocive sur la végétation environnante. Aussi le respecte-t-on dans la plaine laurentienne où sa tête, déployée contre le bleu du ciel, est un objet de grande beauté[22] ».

Mais défricher, « faire de la terre », lutter jour après jour contre la forêt pour maintenir cette prairie artificielle, et cela pendant des générations, voilà qui a souvent amené à l'éradication systématique de tous les arbres. On coupe tout, la plupart du temps. En 1807, le journal *Le Canadien* écrit: « On ne trouvera pas dix habitants qui aient la précaution de ménager des taillis sur leurs terres. Le présent seul occupe chaque individu[23] ». Six ans plus tard, un voyageur livre « quelques-unes des questions qui viennent à l'esprit lorsqu'on voyage dans les belles campagnes du Bas-Canada »: « Pourquoi ne voit-on pas plus communément des arbres plantés sur nos grands chemins, et particulièrement sur ceux qui sont sur le bord des rivières? Pourquoi les maisons de nos particuliers aisés n'en sont-elles pas partout ombragées? Pourquoi surtout les avenues de nos églises n'en sont-elles pas ornées? Pourquoi les cimetières qui les avoisinent n'en sont-ils pas entourés? Pourquoi nos champs en sont-ils généralement si dénués, que les moissonneurs et tous ceux qui pendant l'été sont occupés à fertiliser la terre ou à recueillir ses productions n'en puissent le plus souvent trouver un, pour y venir quelques instants se reposer sous son ombrage, et se dérober aux rayons du soleil brûlant qui les pénètre de ses feux? Que les animaux... ne puissent eux-mêmes trouver un abri capable de rafraîchir leur sang et leur humeurs[24]? »

En 1819, survient dans la vallée du Saint-Laurent un été torride et certains doivent payer cher leur négligence à construire des abris ou laisser croître quelques grands arbres dans leur pâturage. On rapporte le cas d'un habitant qui, « bien qu'attentif et soigneux », perd un certain nombre d'animaux de ferme dont la valeur s'élève à 125 louis. « Le cultivateur dont il s'agit, comme beaucoup d'autres surtout dans les anciennes paroisses où l'on n'a point ménagé les bois, a une de ses terres dénuée d'arbres. C'est sur celle-ci qu'il avait établi son pacage cette année; ses animaux ont passé l'été exposés aux rayons d'un soleil ardent. Il n'y avait pas dans toute l'étendue de la portion de terrain destinée à les nourrir un seul bosquet, ni un seul bâtiment ou autre abri que ce soit où ils puissent trouver de l'ombre et respirer un air moins brûlant. Est-il surprenant dès lors qu'il en ait perdu un aussi grand nombre[25]? » Et le journal qui rapporte l'incident d'ajouter que « de semblables malheurs se renouvellent chaque année ».

La « commune »

Il arrive encore, selon les régions, qu'un groupe d'habitants bénéficie d'un terrain libre et public où il est permis de faire paître les animaux en commun durant un certain temps de l'année. C'est le terrain de la « commune », prévu par le régime seigneurial et pour l'usage duquel chaque censitaire paie au seigneur une légère redevance. Généralement on choisit des îles en guise de terrains communaux. Elles présentent l'avantage de ne pas nécessiter de clôtures et constituent une garantie contre les fraudeurs qui ne peuvent alors opérer qu'au moyen de chalands. Sans compter qu'inondées au printemps, ces îles s'enrichissent d'un limon qui donne durant l'été une herbe plus grasse.

Chaque commune a ses règlements. Pour certaines d'entre elles, comme celles des Cent-Iles du lac Saint-Pierre, il n'est pas permis de récupérer ses animaux avant la fin de l'été. Seul un berger s'y rend à toutes les semaines pour voir à ce que les animaux « méchants, nuisibles, vicieux ou malades » soient évacués par leur propriétaire[26]. Pour d'autres, plus facilement accessibles, comme celle de Trois-Rivières, de jeunes garçons s'engagent comme vachers pour ramener matin et soir les vaches laitières à leur propriétaire, afin que ceux-ci puissent les traire.

« L'été, raconte l'un d'entre eux, la commune s'ouvrait pour recevoir les vaches au pacage. C'était un plaisir pour nous, petits bonshommes de cinq à dix ans, que d'aller ainsi conduire la lourde et lente bête à la commune et de l'en ramener, le pis gonflé à éclater, paresseuse. Sans doute pensions-nous aux quelques sous que ces quatre voyages quotidiens nous procuraient à la fin de la semaine, et il était bien entendu qu'à chaque début d'été, nous savions discuter, avec toutes les roueries de notre âge, les conditions auxquelles devaient se soumettre les parties contractantes. Nous nous engagions à mener et ramener notre esclave à des heures bien déterminées et nous devions recevoir en paiement, à chaque semaine, une somme sur laquelle on ne devait pas tricher. Songez aussi qu'il fallait se lever à bonne heure le matin pour aller, dans la rosée jusqu'aux genoux, chercher notre vache perdue au milieu d'un troupeau que nous ne pouvions dénombrer mais qui paraissait formé de centaines de bêtes, et la ramener sans encombre à la maison. Pour aller la reconduire, c'était peu de choses. Le gardien de la commune ouvrait la barrière et la mouvante masse s'engouffrait lourdement[27] ».

C'est le crieur public qui , un dimanche matin de mai, sur le perron de l'église après la messe, annonce la date d'ouverture de la commune. Quelques jours plus tard, les bêtes à cornes, les cochons, les moutons et les chevaux commencent à défiler vers leur lieu estival de paissance. La scène est pittoresque; jamais peut-être au cours de l'année ne se trouvent réunis un aussi grand nombre d'animaux. Ils arrivent des quatre coins de la seigneurie et les propriétaires improvisent souvent ce qu'ils appellent la « fête de l'ouverture ».

Les premières communes datent de 1648. Cinquante années plus tard, près de la moitié des seigneuries en possèdent une et les plus grandes en comptent même deux ou plus. Mais elles ont été une occasion constante de litige. Richard Colebrook Harris, historien du régime seigneurial, parle de « centaines de disputes » à leur sujet[28]. Comme la commune, croit-on, appartient à tout le monde, elle n'appartient finalement à personne et « chacun y va au plus fort la poche ».

Certains prétendent avoir droit d'y laisser leurs animaux sans payer de redevance. D'autres, pour éviter d'acquitter les frais relatifs à chaque tête de bétail, jouent au chat et à la souris avec le seigneur et retirent une partie de leurs animaux au moment du dénombrement officiel. On refuse aussi de payer pour l'installation de clôtures. Des censitaires s'intentent des actions entre eux, l'un accusant la bête de l'autre d'avoir engrossé la sienne. Des communes sont rasées du bois qu'elles contiennent à cause de l'imprécision touchant les droits de propriété sur ce bois. C'est le cas de la commune de Baie-du-Febvre, sur la rive sud du lac Saint-Pierre[29]. Ailleurs, on tarde à marquer les animaux au moment de leur entrée sur le terrain; il s'ensuit, à la sortie, un fouillis indescriptible.

Durant la première moitié du 19e siècle, devant le besoin de terres nouvelles, on va jusqu'à mettre en question le principe même de la commune. Pourquoi laisser en pâturages des sols aussi riches? En 1833, par exemple, les habitants de Contrecoeur exigent le partage de la commune locale[30]. Sous la pression démographique, des communes disparaissent. Celles qui demeurent ne le doivent qu'à la formation d'une « corporation de la commune », dirigée par un certain nombre de « syndics » élus, qui voit à ce que chaque usager se conforme aux règlements. De toute manière, un grand nombre d'entre elles y perdront en étendue.

Le travail de la terre

Avec le mois de mai s'ouvre la période de l'année où l'homme vit immédiatement de la terre. Dans tous les sens et de toutes les manières, il la marchera pour l'épierrer, l'engraisser, l'ameublir, la semer, la sarcler, la rechausser et récolter. Pendant les six mois à venir, les heures passées au champ ne se compteront plus. Souvent l'habitant sera aidé de son épouse et de ses enfants. D'autres fois, il sera seul ou avec son « engagé ». Certains jours, le temps sera gris et il y aura apparence de pluie; d'autres jours, le soleil sera de plomb. Qu'importe, l'homme devra vivre en symbiose avec la terre.

L'épierrement

Tout commence avec l'« érochage » ou l'épierrement des champs. « Les pierres poussent en hiver », disent les cultivateurs. Les gels et dégels successifs provoquent à l'intérieur du sol des resserrements et des desserrements qui font monter les pierres à la surface. Il est donc fréquent, après chaque hiver, de voir des champs parsemés de gros cailloux, surtout dans le cas des terres hautes. En fait, ces blocs erratiques et ces traînées de cailloux de toutes dimensions ont été abandonnés sur place de manière irrégulière par le glacier qui recouvrait la partie nord du continent.

À bras d'homme, parfois avec une charrette mais sans montant, les pierres sont amassées par les enfants et les adultes, puis transportées vers un lieu convenu à l'avance. Jetées pêle-mêle sur une longue ligne droite imaginaire, par exemple, elles servent de clôture pour séparer un champ d'un autre, « l'expérience constante ayant prouvé que par leur durée, les clôtures de pierres sont préférables à celles de bois de toutes espèces, ainsi qu'aux haies, là où il faut des divisions permanentes[1] ». On les utilise aussi pour consolider les rives sujettes à l'érosion en raison des crues du printemps et de l'automne. Elles sont le matériau tout trouvé pour solidifier un chemin ou construire un petit bâtiment, comme la laiterie. Souvent, on les enfouit tout simplement dans le sol « à une profondeur suffisante pour que la charrue ne les atteigne ». Il arrive que les pierres soient si grosses, si nombreuses et si enfoncées dans la terre qu'il devient

impossible de les déloger, même en cherchant à les faire éclater avec de la poudre à fusil. Alors on les laisse en place et on abandonne cet îlot de roches à son sort. Plus d'un bosquet ainsi lentement créé devient le refuge de nombreux animaux. Crapauds, couleuvres, mulots et oiseaux y trouvent là un domicile à leur mesure.

Dans la région de Montréal, les clôtures de pierre ont été le point de départ d'une « biocénose » relativement complexe, où les relations sont nombreuses entre l'animal et la plante. En effet, les écureuils et les « suisses » (tamias rayés) ont pris l'habitude, l'automne venu, d'y établir leur terrier et ils y accumulent de grandes quantités de noix provenant du noyer tendre. Il s'agit là d'un grand arbre pouvant atteindre 40 mètres qui pousse surtout à l'ouest de Trois-Rivières et qui produit, tous les deux ans, de deux à trois boisseaux de noix tendres, mais difficiles à extraire.

Avec le temps, ces rongeurs ont favorisé la reproduction de cet arbre qui maintenant se retrouve partout dans les clôtures de pierre aux environs de Montréal. Lorsque l'arbre atteint 25 centimètres de diamètre, il commence à desquamer, c'est-à-dire à perdre lentement de longues bandes verticales d'écorce qui ne semblent plus tenir au tronc que par quelques minces fibres. C'est à ce moment et à l'intérieur de ces bandes d'écorce que de nombreuses espèces de papillons trouvent refuge pour l'hiver[2].

La fertilisation du sol

Le ramassage des pierres terminé, il faut maintenant engraisser la terre. C'est là une idée nouvelle, car on a toujours cru les sols si riches qu'ils n'avaient pas besoin d'engrais. En 1803, un voyageur américain remarque que les fermiers ne font aucun cas de leur fumier, « au point de le faire charrier sur la glace du fleuve pour se débarrasser de ce qu'ils considéraient comme une nuisance[3] ». Mais des journalistes, des spécialistes en agriculture et des voyageurs ne ratent jamais l'occasion d'encourager les habitants à enrichir leur terre parfois fort appauvrie par de nombreuses années de culture. Il est vrai cependant que le petit nombre de bêtes composant le troupeau domestique fournit bien peu de fumier et plusieurs le reconnaissent. Tout de même, lentement, l'usage du fumier à des fins agricoles se répand.

En 1825, le même voyageur américain note que la situation a beaucoup changé depuis son passage au début du siècle. « Actuellement, écrit-il, il n'est aucun fermier qui soit plus soigneux du fumier que les cultivateurs canadiens[4] ». Chacun l'utilise à sa manière. Certains le répandent sur la neige dès les premiers signes du printemps, d'autres après l'épierrement, le hersage ou les semailles. Des régions résistent. Dans les paroisses de Berthier, Saint-Cuthbert et Saint-Barthélemy, déjà remarquées pour leur esprit d'imitation, « d'assez grands tas de fumier restent aux portes des étables, sans doute pour y pourrir inutilement[5] ».

Par contre, les habitants de Cap-de-la-Madeleine et Champlain, aux prises avec des sols pauvres et arides, ont recours à la pratique du glaisage pour les fertiliser. « On sait que le sol de ces paroisses est généralement léger et sablonneux; qu'on y voyait ci-devant peu d'habitants jouir de l'abondance et posséder des richesses qu'un grand nombre de cultivateurs possèdent ailleurs. Fatigués de toujours cultiver sans recueillir assez pour payer leurs peines et leurs travaux et pour se procurer toutes les nécessités de la vie, ils se sont mis, depuis plusieurs années, à glaiser leurs terres, dans l'espoir d'un profit qui devait leur procurer les aisances communes à toutes les classes des cultivateurs. Les premières expériences ont si bien réussi qu'à présent, chaque habitant qui entend ses intérêts, passe une partie de l'été à glaiser ou faire glaiser les parties de sa propriété qui sont les plus en besoin de ce favorable et productif bienfait. Leurs produits ont considérablement augmenté; ces paroisses reprennent insensiblement une apparence d'aisance et de fortune qui leur fait un grand honneur, et qui démontre bien combien les habitants qui les composent sont diligents et industrieux[6] ».

Après le village de Champlain, il semble que la pratique du glaisage des terres ait gagné Batiscan, la paroisse voisine. Parlant des habitants de cette dernière localité, l'écrivain québécois Henry Taylor note en 1840: « Ces gens se sont retrouvés, il y a quelques années, avec des terres si appauvries par leur propre méthode de culture qu'ils ne pouvaient plus récolter le blé en quantité suffisante pour nourrir leur famille. Mais — et je ne pourrais dire si c'est par hasard ou parce qu'on les a informés

Le glaisage des terres fournit un très bel exemple de la progression d'une pratique. Après Cap-de-la-Madeleine et Champlain vers 1820, puis Batiscan 20 ans plus tard, on le signale à Saint-Anne-de-la-Pérade vers 1880 et Saint-Raymond de Portneuf en 1900. On s'était probablement transmis l'information de place en place. Le grand «boum» du glaisage à Saint-Raymond a lieu entre 1917 et 1923; 49 cultivateurs répandent alors sur 170 arpents carrés de terre sablonneuse 51 561 « voyages » de 1 200 livres chacun. On s'approvisionne en argile « molle, onctueuse et sans caillou » le long des rives des rivières Sainte-Anne, Portneuf et Sept-Iles.

Pour extraire l'argile, l'un des hommes (ici, en l'occurence Georges Cayer) pioche au moyen d'un hoyau à même le [bagne » (de l'anglais, *bank*) et l'autre, Jean Denis, remplit le tombereau à la pelle. Pour économiser le temps et la main-d'oeuvre, plusieurs se servent de dynamite pour briser (on dit « démarier ») les bancs de glaise. Lorsqu'on glaise à l'automne, le charroi jusqu'au champ se fait avec un tombereau sur roue fabriqué par le glaiseur lui-même. « L'argile, au cours de l'hiver, »fleurit » à la gelée, se brise et se pulvérise. » Il ne reste plus au printemps qu'à l'étendre et l'enfouir d'un labour léger. Lorsqu'on glaise l'hiver, on recourt au « banneau-glaiseur », une boîte de bois, déposée sur des patins, qui bascule à volonté. « L'expérience des glaiseurs, écrit l'agronome J.-C. Magnan, nous prouve qu'il vaut mieux avoir des « menoires » ou un brancard fixe, afin de reculer avec le cheval plus aisément. Attendu que l'argile est prise sur les bords des rivières et que ces rivières traversent en grande partie les terres cultivées, la distance de charroyage est courte et assez facile à franchir. » Voir J.-C. Magnan, *Le « glaisage » des terres ou l'amendement des sols sablonneux* (1923).

Un jeune cultivateur de la Gaspésie, conduisant une belle « timme » (de l'anglais « team », pour désigner le cheval et le boeuf qui font équipe), ramène une pleine charge de goémon. La présence de l'automobile du photographe fait saisir le décalage entre deux manières de vivre.

— il se sont mis à répandre sur leurs terres des bancs de glaise à portée de la main dans la paroisse et les belles récoltes de blé n'ont pas tardé à venir[7] ».

Glaiser une terre de sable consiste à y répandre une couche de glaise « la plus mince possible ». « Il ne faut que du temps et de la patience, car c'est un ouvrage long. Un cultivateur qui a une nombreuse famille peut employer quelqu'un à ce genre d'ouvrage, sans que les autres travaux puissent en souffrir; ou s'il n'a dans sa famille personne de capable de faire cette besogne, s'il en a les moyens, un homme qu'il engagera au mois, ou pour l'été, lui glaisera plusieurs arpents de terre, dont les revenus et les produits de l'année suivante, lui vaudront des sommes considérables et l'indemniseront largement des déboursés qu'il aura faits pour faire faire ce très utile ouvrage[8] ».

En aval de Québec, à partir de Baie-Saint-Paul sur la rive nord et de Rivière-Ouelle sur la rive sud, on profite des richesses de la mer pour engraisser la terre. Deux fois par année, au printemps et à l'automne, quand le hareng, le capelan et l'éperlan remontent, une partie de ceux qu'on pêche sont répandus dans les champs, « Sur presque toutes les côtes[9] », on récolte aussi le varech ou goémon. « Il se trouve en quantité considérable sur le rivage, surtout à la suite d'un fort coup de vent d'Est[10] ». À l'Isle-aux-Coudres, on installe même des pêches à fascines pour recueillir ces plantes marines en plus grande quantité.

Comme dans le cas du fumier, les manières d'utiliser le varech diffèrent. Certains l'étendent immédiatement. D'autres le font brûler et en répandent les cendres sur le sol. D'autres, enfin, en font des tas, hauts de deux mètres, dans lesquels ils incorporent de la terre en partie égale. Puis ils battent les faces extérieures de ces tas pour les rendre unies. Ainsi l'eau de pluie, fort utile à la décomposition, ne s'évapore pas[11]. Au bout d'un an, surtout s'ils ont pris soin d'arroser ces monticules pendant les chaleurs d'été, pour exciter la fermentation, ils disposent d'un excellent fumier.

Le labourage

Après avoir engraissé la terre, il faut l'ouvrir pour l'aérer, la rendre plus meuble, plus perméable, afin de la bien disposer à

recevoir la semence. Si, l'automne précédent, l'habitant a pris soin de labourer en profondeur et que le froid de l'hiver a pulvérisé la terre retournée, il ne lui reste plus qu'à pratiquer un labour de surface, histoire d'enfouir le fumier dans le sol. Sinon il faut un labour profond. Pour labourer, certains utilisent la paire de chevaux; d'autres, la paire de boeufs[12]. On couple aussi le cheval au boeuf, en souhaitant allier l'intelligence à la force brutale.

Labourer exige constance et patience. Conduire une charrue, si facile qu'il en paraisse d'abord, est un talent qui ne s'acquiert que par une longue pratique. Il faut l'oeil juste pour tracer les raies droites et ne pas les hacher. De la raie dépend l'égouttement. « Les cultivateurs savent très bien que les ouvriers qui labourent vite ne sont pas ceux qui labourent le mieux; aussi ne les prennent-ils qu'à la journée et jamais à prix fait[13] ». On laboure habituellement dans le sens de la plus grande dimension du terrain pour éviter les pertes de temps à tourner. Sur les terrains inclinés, on laboure de biais à la pente, pour que l'eau ne s'écoule pas trop vite. Si la dénivellation est trop prononcée, on laisse cette portion de terre en friche.

Dans la vallée du Saint-Laurent, le genre de labour pratiqué par les cultivateurs est celui dit « en planches ». Selon la nature du sol, l'habitant divise sa terre en « planches » plus ou moins larges qu'il doit labourer une à une. Quand le sol est perméable, donc facile à égoutter, la planche est large (entre 12 et 18 mètres). Pour les terres plus humides et plutôt planes, où l'eau doit être évacuée plus rapidement, on préfère la planche étroite (entre cinq et sept mètres). Mais on prend garde aux planches trop étroites, parce qu'elles occasionnent un encombrement pour tourner et entraînent un rendement inférieur par suite du trop grand nombre de raies. Le spécialiste agricole de *La Bibliothèque canadienne*, quant à lui, favorise les grandes planches. « C'est principalement, constate-t-il, sur cette excellente pratique, de tailler de grandes planches, qu'est fondé le succès, comparativement plus grand, des cultivateurs écossais parmi nous[14] ».

Après le labourage, il faut à nouveau ramasser les pierres mises à jour cette fois-ci par la charrue. Puis on passe une lourde herse triangulaire qui brise les mottes et nivelle le sol. On ne retarde guère le hersage, autrement le sol perdrait une trop grande quantité d'eau par évaporation. Si la terre est argileuse, il faut s'y reprendre par quatre ou cinq fois pour la rendre bien meuble.

Les semailles

Les gelées tardives de mai comme celles, hâtives, au contraire, de septembre étant responsables de la brièveté relative de la saison de végétation (entre 120 et 160 jours), il n'est guère étonnant de retrouver plusieurs croyances se rapportant au temps des semailles. Chacun a tenté d'en préciser la date; on cherchait un point de repère annuel fiable. C'est quasi au choix tellement, certaines années, les faits sont concomitants. Ainsi, on sème après le vent de l'Ascension ou les grandes marées de mai, quand les pruniers sont en fleurs ou que chantent les grenouilles.

Les semences du cultivateur proviennent d'un coin de son champ qu'il a laissé mûrir parfaitement l'été précédent. On l'encourage d'ailleurs à produire ses propres graines, car celles vendues chez les marchands sont de mauvaise qualité. « Vous n'avez qu'à voir plusieurs terres cultivées par de bons cultivateurs dans ce pays, écrit le journal agricole *Le Glaneur*, et vous verrez qu'ils ne prennent pas leurs semences chez les marchands de graines, à moins que ceux-ci ne soient cultivateurs et jardiniers qui élèvent eux-mêmes les semences qu'ils vendent[15] ». Le peu de succès que connaît la culture du trèfle pourrait s'expliquer ainsi. « On s'est contenté jusqu'à présent en ce pays, à quelques exceptions près, d'acheter la graine de trèfle. On la paie bien cher et souvent elle vaut bien peu[16] ».

L'habitant n'ensemence que les terres nécessaires aux besoins de sa famille et des animaux. Avant de semer, il se signe. Puis il retrousse au-dessus du coude une de ses manches, pour lui permettre de mieux fouiller dans le semoir. Une « poche » tenue en bandoulière ou une petite auge de bois, à fond cintré, lui tient lieu de semoir. Le semeur répand une poignée de graines à tous les deux pas. « La main dépassait un peu le corps, puis, dans son mouvement de retour, laissait le grain s'échapper en pluie légère à travers les doigts[17] ». Dans l'air frais du matin, n'étaient le frottement léger des « bottes sauvages » l'une sur l'autre, le crépitement des graines tombant sur le sol, le chant des oiseaux et celui des grenouilles, la campagne serait silencieuse. Un bon semeur ensemence cinq à huit arpents en une journée.

En 1830, les agriculteurs ne s'entendent pas sur les moyens à prendre pour obtenir de belles récoltes. Certains sèment les céréales l'automne, d'autres le printemps. Dans tel coin, on « sème fort »; dans tel autre, clair. Ici on n'exige qu'un labour; là-bas, deux ou même trois. Et chacun dit tenir sa science de l'expérience. Bien malin qui pourrait tout concilier. Mais on s'accorde sur un point, celui de « faire les semences le plus tôt possible au printemps, afin de donner aux grains le temps de profiter[18] ».

L'épouvantail

Dans les champs et les potagers victimes des oiseaux, on plante l'épouvantail. « Technique douce » utilisée depuis 9 000 ans, soit depuis l'époque où l'homme apprit à cultiver des plantes sélectionnées pour leur qualité, l'épouvantail est un personnage folklorique éphémère qui réapparaît chaque année au temps des semailles. Sous les traits d'un homme ou d'une apparence d'homme, avec pour toute ossature deux bâtons en forme de croix, le « bonhomme » ou « peureux à corneilles » monte la garde, jour et nuit, beau temps mauvais temps, jusqu'aux premières gelées de l'automne. Sa vêture est toujours simple; un chapeau mité, une vieille veste trouée suffisent. Durant l'été, sous l'action alternée du soleil et de la pluie, elle se délave et se patine pour prendre, l'automne revenu, les couleurs de ce qui l'environne.

Les oiseaux que l'épouvantail a charge d'apeurer sont divers. En aval de Québec, en Gaspésie et aux Iles-de-la-Madeleine, mouettes et goélands s'empiffrent du hareng et du capelan répandus dans les champs en guise de fumure. Partout, des corneilles et des vachers à tête brune peuvent fondre sur un champ ensemencé pour y manger les graines ou dévorer les jeunes pousses. Au temps des cerises et des prunes, les jaseurs des cèdres s'en repaissent goulûment. Dans la région de Québec, les corneilles font tant banquet de graines que la

« Gazette » de la ville recommande une solution plus radicale. « Pour chasser les corneilles d'un champ nouvellement semé, conseille-t-on, prenez une corneille, arrachez les grosses plumes des ailes, creusez un trou de cinq pieds de tour et d'un pied de profondeur, au milieu de votre champ. Plantez les plumes sur le bord du trou à l'entour et jetez la carcasse dedans. Pas une corneille ne se portera dans le champ, jusqu'à ce que la semence soit hors de danger[19] ».

Les cultures

Le blé

De toutes les céréales, le blé est semé le plus tôt, car il lui faut une longue saison de végétation. Le blé d'automne, semé au début de septembre et récolté au commencement d'août, ne se cultive plus que dans la région de Montréal. Les cultivateurs de la région de Québec, entre autres ceux de Cap-Santé, ont bien essayé de pratiquer cette culture de 1814 à 1829, mais les gelées qui tuent plus souvent qu'autrement les jeunes pousses, les en ont découragés[1]. Le blé de printemps se sème dès que la terre est prête et on ne le récolte que durant la première quinzaine de septembre. Il arrive que, sous leur propre poids et la poussée de la pluie et des grands vents, les tiges du blé s'affaissent et s'abattent sur le sol; c'est ce qu'on appelle « la verse » qui arrête le développement de la plante et gâche donc la récolte. Des semailles plus clairsemées, un fumage moins excessif et la rotation des cultures préviennent de telles avaries.

De 1800 à 1850, la culture du blé disparaît presque de la vallée du Saint-Laurent. Après avoir joué un rôle économique très important dans la vie de l'habitant au 17e et 18e siècles, constituant bon an mal an 65 à 73% des récoltes, le froment n'occupe plus que 20% de la moisson en 1830. Quatorze années plus tard, il ne formera plus que 4,4% des récoltes de céréales. Les raisons sont multiples. Cette céréale exige beaucoup. De toutes celles cultivées en plein champ, c'est la plus épuisante pour le sol. Elle demande de plus une saison de végétation quasi trop longue pour le climat de la vallée. Durant les années 1810, la rouille, une maladie végétale consécutive à l'épuisement des sols, et l'apparition de la mouche hessoise ou « puce des blés » accéléreront le déclin de cette culture. Les paroisses de Saint-Denis-de-Richelieu, Saint-Hyacinthe, La Présentation et Soulanges seraient particulièrement touchées par les ravages de la « mouche ». Des phytogénéticiens confirment aussi l'existence à cette époque du piétin, un champignon parasite du blé qui sera identifié plus tard et qui donne un plant maladif, aux épis vides et sans force de résistance aux accidents climatiques.

Ce changement est très important dans la vie de l'habitant. Ce dernier doit délaisser une pratique agricole plus que centenaire, pour laquelle il touchait parfois de bons revenus, et diversifier ses cultures. Il lui faut aussi transformer son alimentation.Il recourt alors à d'autres céréales panifiables, comme le seigle et le sarrasin. La culture de l'orge se généralise. L'avoine se maintient. La culture des pois, une production traditionnelle augmente. On y ajoute celle des fèves. Enfin, plus que tout, la pomme de terre devient la principale culture de remplacement du blé. Bien sûr, l'habitant continuera de faire son pain de blé. Mais il le mélangera maintenant à des pommes de terre, à de l'avoine ou à du seigle. Il achètera son froment à bon prix au magasin du village ou aux marchés de la ville. Non seulement alors n'en tirera-t-il plus de revenus comme auparavant, mais il lui en coûtera cher désormais pour s'alimenter en blé. Dans toutes les familles, la farine se fera donc précieuse[2].

Le seigle

Après le froment, le seigle donne la farine la plus propre à convertir en pain. Il complète bien le blé, prospérant dans des terres où ce dernier ne peut croître. De même, il craint moins les gelées et arrive à maturité plus vite. On sème le seigle plus fort que le blé; le blé talle bien, le seigle pas du tout. Chaque grain de seigle ne produit qu'une seule tige. Toutes les céréales semées à la volée demandent par la suite un hersage; celui du seigle doit être si léger qu'un fagot d'aubépine peut tenir lieu de herse. La paille de seigle sert à recouvrir les dépendances, à lier les bottes de froment, d'orge et d'avoine, à attacher les arbrisseaux tels les gadeliers et les groseillers, et à former des litières pour les animaux. « Ses grains servent à faire de la bière et de l'eau-de-vie, à nourrir les hommes dans les potages et en bouillies, et les animaux en patées ou en grains[3]. »

On sème le seigle au printemps, sauf à Sorel où l'on se spécialise dans la culture du seigle d'automne. Là, on le sème en septembre pour le recueillir à la fin de juillet ou au commencement d'août[4]. À vrai dire, cependant, la culture du seigle n'est guère répandue. Peut-être craint-on l'« ergot », cette maladie végétale qui rend le seigle vénéneux et à laquelle les journaux font parfois écho[5]. Il s'est vu des gens tomber « dans les clampsies* » après avoir mangé du pain fait de farine de « seigle ergoté ». De toute manière, on ne s'oblige à manger du pain de seigle que lorsque le prix du blé devient prohibitif. Une

* Déformation du terme « éclampsie » synonyme de convulsion.

citoyenne de Rivière-Ouelle raconte: « Chanceux ceux qui pouvaient toujours manger du pain de blé! Il y avait des années de disette et, l'Ouest n'étant pas ouvert à la culture, la misère était grande. Une année entre autres (je l'ai souvent entendu raconter par mon grand-père) la farine se vendait seize piastres le quintal. Alors on mangeait du pain de seigle ou d'orge. Les plus pauvres n'en avaient pas et, pour ne pas mourir de faim, ils se nourrissaient d'une sorte d'herbage appelé passe-pierre[6].

L'orge

« L'orge est une graminée cultivée en Canada depuis son établissement, écrit Joseph-François Perrault, et il n'y a guère de fermes où l'on n'en voit un petit champ. » On la cultive pour la soupe. On la donne en nourriture aux animaux qui deviennent gras plus rapidement qu'avec toute autre céréale. On vend le surplus aux brasseries qui en font du malt pour la bière, le « vin des pays froids ». L'orge a sur les autres l'avantage de la brièveté de la croissance. Semée en mai, elle se coupe en juillet. Pendant sa croissance, le cultivateur prend soin de briser la croûte qui se forme à la surface du sol. L'orge souffre beaucoup quand cette croûte emprisonne son collet; son mûrissement s'arrête aussitôt et, si cet état se prolonge, la récolte est en jeu.

L'avoine

L'avoine est la céréale la moins exigeante que l'on connaisse. Elle pousse aussi bien dans les sols argileux et sur les terrains fraîchement défrichés que dans les terres marécageuses asséchées. Seuls les sables lui répugnent. Dans certains sols, elle peut même croître plusieurs années consécutives dans le même champ, sans que sa productivité diminue d'une façon sensible. Cependant, ce champ, une fois épuisé par cette culture prolongée, reprendra bien difficilement son ancienne fécondité. On utilise l'avoine surtout comme nourriture à cheval et moulée à bétail.

Le sarrasin

Le blé, le seigle, l'orge et l'avoine appartiennent à la famille des graminées. Bien que le sarrasin fasse partie d'une autre famille, les polygonacées, on le considère en culture comme une autre céréale, le « blé noir ». On ne fume presque jamais le sol où poussera le sarrasin. Il nécessite si peu que c'est souvent lui qui sert d'engrais[7]. Alors on ne le cultive que pour l'enterrer par un labour au moment de la floraison. Mais cette céréale est tellement sensible aux conditions atmosphériques qu'il n'y a guère de climat où la récolte est assûrée. La sécheresse, la chaleur excessive, les gelées blanches et les vents froids lui sont toujours fatals. On ne le sème jamais avant les premiers jours de juin. « Si on le semait plus tôt, il fleurirait à l'époque de la plus grande chaleur, qui le brûlerait et priverait le cultivateur de la récolte des grains. Ou les gelées blanches du mois de mai ne manqueraient pas de le faire périr[8] ».

On cultive surtout le blé noir pour nettoyer les champs des mauvaises herbes, car il pousse avec vigueur, et pour enrichir la terre. De 1831 à 1851, le sarrasin ne représente que 4% des récoltes céréalières. Avec la pomme de terre, il constitue tout de même la base de la nourriture dans les paroisses de colonisation. Dans un même champ, on alterne d'ailleurs les deux cultures. Dans les lieux de défrichement au climat souvent plus froid, il arrive qu'on élève des croix de chemin pour demander à la Providence de préserver de la gelée les semences de sarrasin.

Le méteil

Parfois, dans le but d'obtenir une récolte plus abondante sur un terrain de médiocre qualité, on mélange les céréales semées: blé et seigle, blé et orge, blé et avoine, avoine et orge ou avoine et sarrasin. Selon la région, on appelle « méteil » ou « gaudriole » ces mélanges de céréales. Ainsi, pour obtenir une meilleure récolte de blé sur une terre impropre à la culture, on mélange le blé au seigle. La gaudriole qu'on sert aux porcs en guise de « bouette » est composée d'avoine, de pois et de sarrasin. Dans les villes de Québec et de Montréal, à l'époque où l'habitant destinait son blé à l'exportation, les commerçants se plaignaient beaucoup de se voir refiler de la gaudriole au lieu de « blé net ». Ils ne savaient que faire de ces céréales bâtardes sans aucune valeur sur le marché international.

Le maïs

Le maïs est une des plantes les plus épuisantes que l'on connaisse. Sa culture nécessite les meilleurs engrais. Surtout adapté aux climats chauds, il lui faut plus de chaleur qu'au blé pour mûrir. On ne le sème jamais avant les derniers jours de mai, car les gelées tardives lui sont mortelles*. Quand vient l'heure de semer, le cultivateur qui, l'automne précédent, avait fait sécher ses plus beaux épis dans un endroit sec, les égraine. Mis dans l'eau pendant 12 heures, les grains de bonne qualité coulent, les autres surnagent. On rejette alors ces derniers. Puis on sème à la volée.

* À noter que, depuis ce temps, on a mis au point de nouvelles variétés de maïs plus résistantes aux gelées et nécessitant une saison de végétation plus courte. Cette remarque vaut également pour de nombreuses autres variétés de semences.

Mais ce type de semis désordonné nuit grandement aux sarclages et aux « renchaussages » nécessaires à la plante. Les cultivateurs les plus avisés sèment donc en lignes, plutôt qu'à la volée. On s'y prend à deux. Le laboureur trace d'abord un sillon. Le semeur le suit, s'agenouille, jette quatre à six grains dans la raie, se relève, fait quelques pas, s'agenouille à nouveau, y laisse quelques grains, et ainsi de suite jusqu'au bout de la planche[9]. En second lieu, le semeur couvre les grains de terre avec un râteau, pendant que le laboureur ouvre de nouveaux sillons.

Bien qu'il s'agisse d'une céréale indigène découverte par les Amérindiens, qui avaient su sélectionner les grains à meilleur rendement, le maïs ne constitue que 4% des récoltes de 1831 à 1851[10].

Les pois

La culture des pois est d'origine française. Durant la première moitié du 19e siècle, chaque ferme a son champ de pois, généralement plus grand que ceux du seigle, du maïs et du sarrasin mis ensemble. Le pois est le légume qu'on a hâte de récolter pour en manger à satiété. On le sème donc très tôt.

La routine

L'habitant de la vallée du Saint-Laurent s'en est longtemps tenu à une sorte d'approche naturelle de la vie. Au 19e siècle, pour l'exploitation de ses terres, par exemple, il continue simplement de recueillir ce que la nature lui offre, plutôt que de chercher à agir sur elle par des procédés énergiques de culture. Quelle que soit la région qu'il habite, il mise avant tout sur la productivité naturelle du lieu. La terre, à son avis, jouit d'un grand pouvoir auto-régénérateur et chaque récolte vient de cette fertilité première et spontanée.

En 1837, un journaliste agricole remarque que cette conception passive de l'agriculture a pris naissance « à l'époque même de l'établissement du pays ». Les premiers colons, venant d'une contrée vieille de plusieurs siècles, arrivaient fort bien avertis des derniers progrès agricoles. Mais ils trouvèrent dans la vallée du Saint-Laurent un sol si riche qu'ils n'avaient qu'à semer pour que tout vienne à foison. Nul besoin de préparer et d'entretenir la terre pour lui redonner sa fertilité première et autant de temps gagné pour se consacrer « aux travaux de défrichement nécessaires quand on ouvre des terres nouvelles ». De là, les témoignages selon lesquels jusqu'aux années 1800, on ne porte guère intérêt au fumier.

Pendant près de 200 ans, de génération en génération, on a semé du blé, et les récoltes ont suffi généralement à faire vivre la famille. Lentement, au fil des ans, à bénéficier d'un sol si riche, à refaire les mêmes gestes, l'habitant, souvent coupé de toute information technique nouvelle, en est venu à oublier la vieille science agricole française. À preuve, ce complet retour à l'assolement biennal (on accorde une année de repos seulement à une terre ensemencée de blé), tandis que l'assolement triennal (deux années de repos), la principale découverte agricole avec la charrue et le collier de cheval, se pratique en France depuis les années 1300. Et le journaliste de conclure: « Pendant que le sol s'épuisait graduellement, la connaissance des moyens de lui rendre la fécondité, comme des ressources de l'espèce d'industrie qui se lie d'une manière intime à la culture et sans laquelle elle ne peut prospérer, s'est affaiblie; les souvenirs même s'en sont effacés. »

Au début du 19e siècle, deux conceptions opposées de l'agriculture s'affrontent dans la vallée du Saint-Laurent. Les francophones en ont fait un état de vie, relativement frugal, visant d'abord à l'autosuffisance de la famille en biens et en vivres. Les anglo-protestants, de leur côté, arrivés maintenant depuis 40 ans, se font l'écho d'un effort de raison, d'une nouvelle science agricole qu'on est à mettre au point dans des pays comme l'Angleterre, l'Écosse et les États-Unis. On réussira sans peine à convaincre les plus « éclairés » de la société québécoise du bien-fondé d'une agriculture conçue comme moyen de production dans une économie de marché. D'autant plus facilement que les sols des vieilles paroisses n'offrent plus souvent qu'un piètre rendement. Un peu partout, la culture du blé n'est que désolation. À Québec et à Montréal, des sociétés d'agriculture se fondent et dénoncent la routine paysanne. Des premiers traités s'écrivent. Les journaux se donnent des chroniqueurs agricoles. On juge les labours superficiels, les engrais insuffisants et le mode d'assolement archaïque. On invite à la diversification des cultures. Et, le temps passant, se dégage l'impression d'une conversion lente et généralisée des cultivateurs francophones à ces nouvelles idées. En 1831, par exemple, le président de la société d'agriculture de Beauharnois note que le labourage s'est beaucoup amélioré, l'emploi du fumier se généralise et l'intérêt pour la science agricole se développe.

Voir Joseph Bouchette, *Description topographique de la province du Bas-Canada* (1815): 65-70; *La Bibliothèque canadienne*, 1er août 1829; *Le Glaneur*, avril, juin 1837; Fernand Ouellet, *Histoire économique et sociale du Québec, 1760-1850* (1966): 339.

Le doryphore

Au début du 19e siècle, un petit insecte coléoptère presque inconnu qu'on devait plus tard baptiser du nom de doryphore ou chrysomèle vivait en sol américain sur les flancs orientaux des montagnes Rocheuses. Il se nourrissait de morelle, une plante sauvage de la même famille que la pomme de terre, la tomate et le tabac. Doryphores et morelle vivaient en équilibre. Les doryphores proliféraient-ils trop qu'ils amenaient la disparition de la morelle et, par voie de conséquence, la leur.

Durant les années 1850, le colon américain, dans sa longue marche vers l'ouest, arrive dans cette région. Invariablement il apporte avec lui un sac de pommes de terre et en sème dès qu'il s'installe. Cela pousse bien dans ces terres nouvellement défrichées. Mais les doryphores ont tôt fait de repérer les feuilles de cette nouvelle plante, nettement plus tendres et plus savoureuses que celles de la morelle sauvage. Ils délaissent donc leur nourriture originelle pour les champs de pommes de terre et commencent à se reproduire en un temps record. Au cours d'un été, près de trois générations de doryphores voient le jour, de sorte qu'à l'automne chaque femelle laisse une descendance d'environ 80 millions d'individus. À un tel rythme, le Colorado ne peut suffire et les doryphores se sentent vite à l'étroit. Ils entreprennent donc la longue marche de la pomme de terre, allant vers l'est, à l'inverse de l'homme.

En 1860, ils dévorent les feuilles de pommes de terre de l'Omaha et du Nebraska. En 1865, ils franchissent le Mississipi et se répandent dans l'Illinois, l'Ohio et la Pennsylvanie. Beaucoup d'agriculteurs, non prévenus de cette invasion, ne savent comment interpréter ce fléau. Et les doryphores continuent. Partout où ils passent, les récoltes s'en trouvent diminuées et on ne connaît aucun moyen de les arrêter. En juin 1877, les habitants de Saint-Anselme de Dorchester remarquent dans leurs champs des nuées de petits insectes jaunes et noirs, à reflet métallique, qui dévorent les jeunes pousses. Ce sont les doryphores. Il y en a tant que cela tient de la calamité. Le curé Odilon Paradis, bien porté à la lutte contre l'ivrognerie et le jeu d'argent, « deux plaies de sa paroisse », recommande à ses ouailles d'ériger des croix de chemin le long des routes pour s'attirer les bonnes grâces de Dieu. La croix du rang Saint-Philippe est bénie le 8 juillet 1877. Pendant tout l'été, après leur journée de travail, les citoyens de Saint-Anselme se retrouvent au pied de la croix pour implorer le ciel de conjurer ce mal.

Une partie des doryphores s'installera dans la vallée du Saint-Laurent et on les appellera « bêtes à patates ». Mais l'insecte ne cessera pas sa course pour autant. En Europe, il met d'abord pied en Allemagne, qui interdit aussitôt l'importation de pommes de terre d'Amérique. Des milliers de fantassins et de sapeurs creusent de profondes tranchées autour des champs contaminés. On met le feu aux prairies après les avoir arrosées de pétrole. Chacun utilise les moyens du bord pour combattre le fléau. On laisse des champs en jachère. On inspecte les convois de chemin de fer qui franchissent les frontières. Grâce à ces mesures, on réussit dans certains pays à retarder de quelques années la marche de l'insecte. Mais ce n'est toujours que temporaire, car finalement toute l'Europe y passe, même celle de l'Est. Jusqu'à ce qu'en mai 1956, cent ans plus tard, une conférence internationale visant à mettre au point un programme commun de lutte contre le doryphore se tienne à Moscou.

Voir Igor Akimouchkine, *Où et comment* (1968): 191-196; *La petite histoire des paroisses de la Fédération des Cercles de Fermières du district régional no. 4 (Comtés de Lévis, Bellechasse, Dorchester et Lotbinière)* (1950): 522-524; Benjamin Sulte, « La pomme de terre , *La Revue canadienne*, 29 (1893): 92.

D'autant que les gelées tardives ne le font pas souffrir. D'ailleurs, on répète qu'au printemps, les pois prennent force avant les chaleurs.

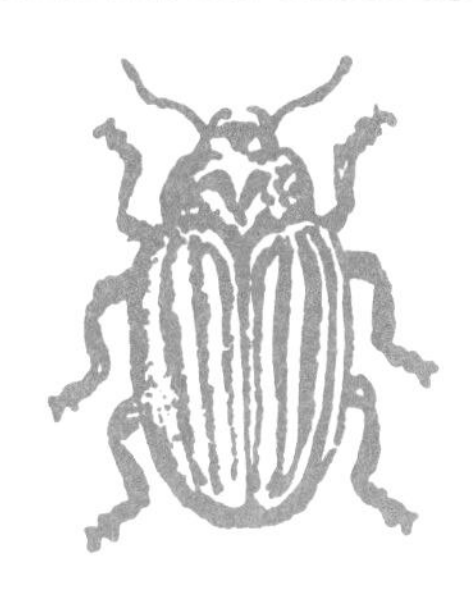

Un sol pauvre, mais bien égoutté et mélangé à du sable grossier, suffit à la culture des pois. Immédiatement avant de semer, on procède au battage des cosses pour en extraire les pois. On sème à la volée et on enterre à la herse. On mange les pois nature ou bouillis. En hiver, dans les chantiers, les bûcherons consomment une grande quantité de soupe aux pois[11]. Des cultivateurs réduisent les pois en farine grossière et les donnent en « bouette » aux cochons et aux moutons. Mais on remarque que les vaches nourries aux fanes de pois tarissent beaucoup.

La pomme de terre

Bien qu'on en fasse mention dans les documents officiels un peu avant 1760, ce sont les Anglais qui ont véritablement introduit la pomme de terre* dans la vallée du Saint-Laurent. Les habitants l'ont d'abord connue et appréciée durant les années de disette; elle constituait un substitut nutritif au pain. Puis, les mauvaises récoltes de blé se multipliant avec régularité, on commença sérieusement à délaisser cette céréale au profit de la pomme de terre. La famille québécoise du 18e siècle consommait de deux à trois livres de pain par jour; celle de la première moitié du 19e siècle n'en mange plus qu'une[12]. Elle se rattrape avec la pomme de terre. Les journaux l'en encouragent d'ailleurs: « C'est de toutes les cultures sarclées celle qui rapporte le plus et aussi qui a le moins à craindre des variations atmosphériques... Comme un champ planté de patates peut nourrir trois ou six fois autant d'individus qu'ensemencé de blé et que la récolte de ce tubercule a plus de chances de succès que celle des céréales, la culture n'en doit pas être négligée. L'emploi de la patate doit être un objet important d'économie domestique, lorsque le prix du blé étant très élevé, les patates se donnent presque pour rien[13] ». On la cultive de Hull à Gaspé, et il semble que nul climat ne lui convienne mieux. De 1827 à 1844, elle représente à elle seule 46% des récoltes[14]. On en produit généralement entre 50 et 200 minots par ferme.

* Il ne faudrait pas confondre ce tubercule avec l'airelle vigne-d'Ida, petit fruit comestible de la même famille que le « bleuet » et la canneberge qu'on appelle « pomme de terre » dans le Bas-Saint-Laurent.

Tous les habitants s'entendent sur le fait que la meilleure manière de semer les pommes de terre est de semer le tubercule lui-même. Mais alors que les uns prétendent que les « patates rondes» valent mieux que les « patates coupées», d'autres affirment que les « patates coupées » suffisent. Toujours est-il que plus le morceau est gros, plus seront nombreuses les pommes de terre. Le germe qui se nourrit à un tubercule bien portant donnera un plant plus robuste qu'un autre moins bien alimenté. Mais vient un temps où il faut recourir aux véritables semis pour regénérer sa plantation, sinon les récoltes s'appauvrissent. En 1837, on note une certaine dégénérescence dans les champs de quelques cultivateurs. « Chacun a pu observer que les espèces de patates qu'on cultive depuis longtemps, qui produisaient d'abord beaucoup de fleurs et de baies, on cessé graduellement d'en produire: ceci est, suivant nous, un signe de dégénération. Il faudrait pour les régénérer avoir recours au semis[15]. »

Pour les semailles, tous les membres de la famille sont réquisitionnés. Là où l'on sème des « patates coupées », on les coupe plusieurs jours d'avance, afin que les plaies sur les morceaux se cicatrisent. On a soin aussi de bien couper les morceaux, de sorte que chacun porte un germe. Lorsque les risques de gel ont disparu, on apporte les semences au champ par pleins paniers. La charrue ouvre d'abord un profond sillon. Des semeurs suivent et déposent les tubercules. D'autres enterrent le tout avec des râteaux. Cette plante croît mieux lorsqu'elle est bien enfouie; on la recouvre donc de 10 à 15 centimètres de terre. Pendant la croissance, il faudra la sarcler et la rechausser sous peine de la voir végéter misérablement.

Le lin

Le lin est la plante-textile aux mille usages. « On en sème partout; chaque paysan possède son champ de lin[16] ». Il est si important que, souvent lors d'une donation, l'habitant qui abandonne ses biens à son enfant, prévoit des semences de lin pour son usage personnel[17]. Au 19e siècle, quant tout coûte cher, qu'on n'a pas l'argent pour acheter des tissus manufacturés en Angleterre, on produit encore plus de lin[18].

De cette plante on tire « la toile du pays ». Toute la lingerie de la maison — draps, taies, linges à vaisselle, serviettes, linges de table, nappes, essuie-mains — est de lin, de même que la garde-robe d'été de chacun des membres de la famille. Écrue, la toile de lin sert à confectionner les « poches » destinées au transport des céréales nature ou en farine. Le fil de lin, tressé à trois brins, ferme ces sacs. Tressé plus serré, à deux brins et enduit de poix, c'est le « ligneux », un fil à coudre assez résistant pour être utilisé en cordonnerie[19]. Avec l'étoupe du lin, on calfeutre les fenêtres et on calfate les navires. Avec la filasse, on bourre les sièges des voitures et les colliers de cuir des animaux.

Hors de toute considération pratique, la petite fleur bleue du lin contribuera à composer une des plus belles images du paysage annuel de l'habitant. Durant la floraison du lin, de grandes nappes bleues semblent étendues dans des champs verts et, quand les travaux permettent de tirer une pipe sur la galerie au coucher du soleil, on se prend à penser que cette beauté valait bien des sueurs... et qu'elle en promet autant quand viendront la récolte, le rouissage, le brayage, le filage et le tissage.

La liniculture, pratiquée d'abord dans les zones tempérées à climat maritime, nécessite un sol ni trop lourd, ni trop sableux et bien drainé. Sur les bords de la mer, le varech utilisé comme fumure augmente la qualité et la quantité de lin. Dans la vallée du Saint-Laurent, au climat humide, le lin vient bien et la quantité de semence répandue à la volée est fonction de l'usage qu'on entend faire de la récolte.

Pour une filasse fine et longue permettant le tissage d'un vêtement délicat, on sème fort. Pour obtenir une toile plus résistante, mais plus grossière, on sème clair. Il faut prendre garde de toujours semer égal. Là où il y a trop de semence, le lin pousse fin, ne donne que peu de graines et mûrit plus tard. Par contre, des semis clairsemés donnent de grosses tiges, beaucoup de graines, mais une filasse nettement plus grossière. Le lin craint les grands vents qui font se frapper les tiges les unes contre les autres. Il en résulte alors de nombreuses contusions qui diminuent beaucoup la qualité de la filasse. C'est pourquoi on cherche à semer le lin dans des champs abrités. Une plantation d'arbres, par exemple, tient souvent lieu de coupe-vent.

Le potager

L'agriculture est le domaine de l'homme, le jardinage, celui de la femme. Bien sûr, il arrive à l'épouse, de même qu'aux autres membres de la famille, de prêter main-forte aux travaux des champs. Elle aide, par exemple, à trier les grains, à répandre le fumier et à semer les pommes de terre. Elle travaillera beaucoup à la récolte. Mais il revient à l'homme de prévoir les surfaces à ensemencer, de tenir la charrue et de manier la faux. En fait, ce partage des tâches est ancien. Dès le 12e siècle, en France, les travaux ruraux sont strictement répartis entre les sexes. Au champ, la femme ne fait que sarcler et faner. Mais elle est maîtresse du potager.

Dans la vallée du Saint-Laurent, le potager est de toutes les demeures. En 1811, le village de Boucherville compte 71 « jardins » sur 91 domiciles[20]. Les étrangers de passage à Montréal notent que la ville est truffée de potagers. Le potager est le lieu-dit de la variété alimentaire. Il n'est guère possible d'imaginer combien serait terne sans lui l'alimentation en ce pays. Il permet nombre de petites cultures impossibles sur une vaste étendue et prolonge de ce côté de l'Atlantique certaines habitudes alimentaires des ancêtres de France. Il est permis de supposer qu'au début, précisément à cause du potager, le dépaysement dut être moins grand.

Au printemps, alors que l'homme est tout occupé aux champs, la femme entreprend de cultiver son jardin. Elle sait l'importance de ce travail pour toute la maisonnée. Durant l'été qui s'amène, elle y reviendra chaque jour pour surveiller la croissance, protéger les jeunes plants et promener l'arrosoir. Parfois, fière, elle y conduira la voisine pour lui faire admirer ses primeurs, deviser sur les maléfices de la lune et supputer les chances d'une belle récolte. Sitôt que les jours se mettront à raccourcir, son potager sera le premier coin de terre à se dépouiller au bénéfice de toute la famille.

Lorsque la ménagère choisit l'emplacement du potager, elle cherche toujours à concilier les critères suivants: il doit être à l'abri des vents dominants, comprendre un point d'eau à proximité, être exposé au soleil et avoisiner la maison. La proximité de la maison permet l'éloignement des rongeurs et l'entretien constant du jardin. C'est comme si on l'avait sous la main. Sans compter qu'il se trouve ainsi moins exposé aux méfaits des maraudeurs. On le dispose du côté du soleil levant, parce qu'en plein été, dit-on, le soleil du matin, succédant à la nuit fraîche, est toujours le meilleur.

L'eau, quant à elle, est très importante. Pour subvenir aux besoins du potager, il faut s'assurer d'avoir constamment de l'eau sous la main, quel qu'en soit le coût. Si l'eau manque « aux temps chauds », la croissance des plantes arrête, les légumes deviennent fibreux et coriaces et, parfois, les récoltes sont ratées. Il arrive qu'une rivière ou un ruisseau coule tout près; la place du potager est alors toute trouvée. Sinon, il occupe un espace près du puits. Mais ces eaux sont trop froides, et on conseille de les tirer une douzaine d'heures avant l'arrosage pour qu'elles aient le temps voulu pour se réchauffer[21]. La meilleure eau est encore l'eau de pluie recueillie dans le « quart » placé en permanence sous la gouttière de la galerie. Riche de principes fertilisants, croit-on, elle présente aussi l'avantage de toujours être à la température ambiante.

Les moments propices à l'arrosage du potager varient selon la saison. Au printemps, quand les gelées blanches sont encore à craindre, on arrose le matin afin que la terre puisse s'assécher avant la nuit suivante. En été, on doit préférer le soir, parce que l'eau s'évapore moins vite durant la nuit; ainsi les plantes profitent mieux de l'arrosage. On n'arrose jamais en plein soleil.

Pour préserver efficacement les choux et les carrés d'oignons contre la gourmandise des vaches et des poules, on clôture le potager. Cela rappelle également aux enfants qu'il leur est toujours défendu d'y pénétrer à moins d'une permission expresse. Au nord, on l'abrite parfois des vents froids par un rideau d'arbres. Certaines ménagères ajoutent des « talles » de gadeliers rouges, blancs ou noirs, groseilliers à maquereau, « cerisiers à grappes », « senelliers », framboisiers ou « pimbina ». Avec les fruits de ces arbustes, on fabrique des confitures, des gelées et même de petits vins maison que l'on dit n'être « pas piqués des vers ».

Au printemps, la première tâche à accomplir dans le potager est de le labourer à la grandeur. La femme laisse ce travail épuisant à l'homme qui, occupé durant la journée aux travaux des champs, profite de ses temps libres du matin et du soir pour retourner la terre du jardin. Il utilise la bêche ou la houe. On connaît deux sortes de bêches dans la vallée du Saint-Laurent: l'une dite « ferrée », faite d'un fer large, plat et tranchant, adapté à un manche de bois plus ou moins long, et l'autre, appelé « bêche », formée de trois dents de fer montées sur un manche de bois. La houe, nommée surtout « pioche », diffère des bêches en ce que la partie de fer forme un angle aigu avec le manche. Le labour à la bêche se fait de côté, alors que celui à la houe se pratique par-dessus la tête. « La houe donne beaucoup de force à l'ouvrier pour soulever d'énormes mottes de terre, mais elle l'oblige à travailler plié en deux, genre de fatigue à laquelle tout le monde ne peut pas s'habituer[22]. »

Quand tout le jardin est « retourné », la femme prend la relève de l'homme pour égaliser la terre, enlever les cailloux et les racines, et briser les mottes. Elle utilise le râteau, la herse des potagers, pour faire ce travail. Puis, avec la « gratte* », elle forme, de chaque côté d'une allée centrale, des planches** sur lesquelles elle creuse de petits sillons. Pour les tracer droit, elle s'aide d'un bout de corde tendue entre deux piquets. À ce stade, le jardin atteint sa forme finale. Il ne reste plus qu'à semer.

* Nom donné à la binette.

** Renflements de terre de forme rectangulaire.

Bien que le potager doive fournir à toute la famille une bonne partie de son alimentation annuelle et qu'il occupe ainsi une surface proportionnelle à ses besoins, on le dit généralement petit. Tellement qu'on ne croirait jamais, notent les observateurs, qu'il peut y pousser tant de choses. Mais tout est prévu. Sur certaines planches, la femme sème les légumes à feuilles, tels le chou, la laitue, le cresson et le poireau, qui exigent tous un fumier abondant. Sur d'autres, les plantes-racines, comme la betterave, la carotte, le navet, le radis, l'échalotte, l'oignon et l'ail. Dans un autre coin, mais un peu plus à l'arrière, car ils peuvent porter ombrage aux plants plus petits, les légumes à grains secs (fèves, haricots et pois), qui nécessitent un sol plus riche en potasse. C'est à cet endroit que la mère de famille prie parfois un de ses enfants d'aller jeter les cendres du poêle. Le concombre, la citrouille, la courge et le melon sont semés en buttes plutôt qu'en lignes pour qu'ils soient bien aises de « courir ». Les fines herbes (thym, sarriette, persil, ciboulette et cerfeuil) ont leur place également, souvent permanente à l'exemple des « pieds de fraises ». Pendant l'été, la ménagère mijote-t-elle un plat, qu'elle court au jardin couper quelques tiges de fines herbes pour en rehausser le goût.

Le tabac

Un potager ne serait pas complet sans quelques planches de tabac. La surface ensemencée est plus ou moins considérable selon que la famille est plus ou moins nombreuse. Car tous fument, hommes et femmes, du plus petit à la plus grande. Des voyageurs disent que c'est là une habitude qui se contracte dès la plus tendre enfance[23]. Même les femmes vont au champ, la pipe à la bouche. Aussi est-il de première importance de s'assurer de bonnes provisions de tabac.

Un habitant de la région de Québec qui réussit particulièrement bien sa culture de tabac raconte qu'il tient son secret d'un « pauvre nègre esclave, déserteur des États-Unis, et qui, depuis son enfance, avait cultivé cette plante, tant dans la Caroline septentrionale et la Georgie que dans la Louisiane. Il s'agit tout simplement de planter le tabac d'aussi bonne heure que possible, à une assez grande distance pour que les grandes feuilles ne se touchent point, sur un terrain léger, bien meuble, pas trop engraissé; le tenir net de toutes mauvaises herbes, le rechausser souvent; lorsqu'il commence à monter à graine, casser la partie qui doit fournir la graine; marquer de l'oeil les cinq ou six plus belles feuilles et ôter toutes les autres; enfin empêcher la pousse des rejetons, en les enlevant de la tige, une fois par semaine... L'erreur en Canada, ajoute-t-il, est de planter le tabac dans des terrains qui ont trop longtemps servi à cette même culture, qui ont trop d'engrais et sont trop forts; de le planter trop proche à proche, de laisser trop de feuilles et de souffrir les rejetons ou "drageons". Je tiens de cet homme que dans la Virginie, le soleil a assez de force pour faire mûrir 7 à 8 feuilles par tige, en Georgie 8 à 9, à la Louisiane 10 à 12, et que le tabac du Canada pourrait égaler en bonté celui de la Virginie, si l'on ne laissait que 5 à 6 feuilles par pied[24]. »

Les fleurs

»Le goût des fleurs parmi toutes les classes de la société canadienne-française est presque généralisé[25].» Chaque de-

Le repiquage des plants de tabac à Berthier au début du 20e siècle. Souvent, pour l'exécution d'une tâche qui demandait patience et longueur de temps plutôt que force physique, on mobilisait les femmes et les enfants, comme ci-haut. La culture commerciale du tabac dans la vallée du Saint-Laurent aurait commencé à Industrie (Joliette) en 1846.

meure possède un massif floral sur le parterre avant ou dans l'enceinte du potager. Pour la femme, une maison ne va jamais sans fleurs. Tellement qu'en territoire de colonisation, son geste est de fleurir les alentours de son domicile. Toutes d'importation européenne, mais depuis longtemps acclimatées, les fleurs qu'elle sème ne le sont que pour l'oeil. On ne les coupe presque jamais pour orner en bouquets le centre de la table ou le rebord de la cheminée, à moins d'un événement spécial tel une noce. La saison des fleurs cultivées est trop courte pour qu'on l'abrège de cette manière. La seule exception tolérée est la gerbe de fleurs coupées le samedi par la grand-mère pour orner l'autel de l'église ou de la chapelle ou encore parce qu'il faut bien succomber à leur parfum*. Mais, règle générale, roses, géraniums, « gueules-de-lion », « quatre-saisons », « vieux-garçons », « queue-de-rat », pavots, pensées, pivoines et résédas s'ouvrent, s'épanouissent et se fanent dans le jardin. À la flamboyance des couleurs succède l'éparpillement des pétales dans les allées.

* Les deux bouquets du printemps sont de lilas et de muguet.

La chasse et
la pêche

Le plectrophane des neiges

Deux fois par année, tard à l'automne et tôt au printemps, le plectrophane des neiges, un oiseau qui vit ses étés le long de la baie d'Ungava, est de passage pour quelques semaines dans la vallée du Saint-Laurent. On le voit alors folâtrer dans la campagne enneigée, le plus souvent en volées très nombreuses. Il se nourrit des graines de mauvaises herbes, voletant d'une touffe à l'autre, sautillant même pour atteindre les plus hautes. Une volée de plectrophanes a les allures d'une bourrasque de neige. À distance, sous les rayons inclinés du soleil hivernal, « ils semblent disparaître et réapparaître par groupes au-dessus de la neige, selon qu'ils offrent à la vue de l'observateur les parties blanches ou noires de leur plumage[1] ». Sur la Côte-de-Beaupré et l'Ile d'Orléans, on l'appelle l'« oiseau blanc » ou « petit oiseau des neiges »; sur la Côte-du-Sud, l'« oiseau de misère[2] ». Lorsqu'en mars et avril, il fait provision de graines avant de regagner le lieu de ses amours, le cultivateur s'embusque et lui fait la chasse.

Le mode le plus en usage de le tuer est de le tirer au fusil après l'avoir attiré avec une longue traînée de graines sur la neige. Mais, à l'Ile d'Orléans, il abonde tellement que l'habitant le capture vivant. Des graines répandues sur la neige, entourées d'un « cercle de quart » auquel sont attachées une dizaine de « lignettes* », suffisent. L'oiseau qui mange en piétinant à l'intérieur du cercle se retrouve soudain pris à ces crins par les pattes ou le cou. De grandes quantités de ces petits oiseaux sont ainsi tués chaque année au printemps. On va même jusqu'à en faire des couronnes regroupant 12 ou 24 plectrophanes, et à les vendre aux divers marchés de Québec, car, assure-t-on, leur chair est délicate et savoureuse. On les mange principalement sous forme de ragoût, en les faisant bouillir tout entiers, sauf les pattes, les entrailles et le bec.

* Lacets à noeuds coulants faits de crins de cheval.

Le loup-marin

Au moment où le cultivateur de la région de Québec se livre à la chasse au « petit oiseau des neiges », les habitants des Iles-de-la-Madeleine se préparent à l'abattage des phoques. Dès le 10 mars, des guetteurs se postent sur les falaises de la Butte-Ronde, du Cap-Nord, du Cap-de-l'Est, et de la Colline de la Demoiselle, fouillant l'horizon dans l'espoir de repérer des troupeaux de phoques à la dérive sur les glaces. En cette saison de l'année, les phoques mâles et femelles, accompagnées de tous les nouveaux-nés*, se prélassent sur les banquises. Les mères allaitent leurs petits fréquemment et le troupeau se prépare à la mue qui doit survenir fin mars. On préfère alors se chauffer au soleil plutôt que vivre sous l'eau.

« Tout à coup, grande nouvelle qui se répand dans les îles comme une traînée de poudre: les loups-marins** sont découverts! » On les a vus à la Pointe-du-Loup, à la Pointe-du-Ouest et au Grand-Étang. Des escouades de huit à dix hommes sont formées: celles des David, celle à grand Jean, celle à Edmond. Et une heure sonnant, on saute dans les traîneaux pour être sur les glaces à la barre du jour. « On tire le « canotte » qui sert à franchir les mares et qui sera la ressource suprême en cas d'accident ou d'une saute du vent. L'air est vif, les hommes vont vite, blancs de givre, courant presque, s'aidant du long bâton qui est leur seule arme[3] ».

Lorsque paraît le soleil, les chasseurs sont déjà à cinq ou six milles sur la banquise et, en moins de temps qu'il n'en faut, fondent sur le troupeau de phoques, abattant tous ceux qui sont à portée de leur gourdin.

On dépèce les animaux sur place, conservant à la fois le lard de l'animal et sa fourrure. Chaque homme ramène généralement sur le littoral une charge égale à celle de son propre poids, soit quatre ou cinq dépouilles. Les peaux, attachées les unes aux autres et portées sur l'épaule, présentent la forme d'un seul et énorme phoque. Et il faut reprendre la chasse quotidiennement jusqu'à ce que les glaces soient passées et, avec elles, la richesse du loup-marin.

La peau, tannée puis exportée, sert à la confection de vêtements d'hiver (manchons, capots, chapeaux, souliers et bottes) et au recouvrement de meubles. « Lorsqu'elle est bien tannée, elle a presque le même grain que le maroquin. Si, d'une part, elle est moins fine, de l'autre, elle conserve plus longtemps sa fraîcheur[4] ». L'huile, produit très recherché, tient lieu de combustible pour l'éclairage des rues dans les villes; on l'utilise

* La naissance des petits a lieu environ une semaine après l'arrivée de la femelle sur la banquise, soit entre le 25 février et le 10 mars.

** Nom familier du phoque. Plusieurs espèces de phoques fréquentent les eaux du golfe Saint-Laurent: le phoque du Groënland, le plus commun de tous, le phoque gris, le phoque commun, le phoque annelé et le phoque à capuchon.

aussi pour nourrir le cuir et l'imperméabiliser. Il semble d'ailleurs que, pour marcher dans l'eau, rien ne vaut une paire de « bottes sauvages » graissées à l'huile de loup-marin[5].

L'exploitation du loup-marin constitue une source de revenus pour les Madelinots. Après chaque saison de chasse, c'est jour de vive allégresse et de grande liesse. Chacun fait ses comptes et on va de maison en maison porter les bonnes nouvelles. Cependant les quantités d'huile exportéees montrent bien le caractère artisanal de l'opération. En 1852, les insulaires vendent 8 000 gallons d'huile[6], alors que, 20 ans plut tôt, des armateurs canadiens, à l'aide de cinq ou six navires, en retiraient 250 000 livres pour le commerce[7].

Il y a lieu de croire que cette chasse aux phoques, moins intensive cependant et plus occasionnelle, se pratiquait dans tout l'estuaire du Saint-Laurent jusqu'en aval de l'Ile d'Orléans. Plusieurs traditions locales, sans compter la toponymie, en font foi.

Le rat musqué

Le retour du printemps marque aussi celui de la chasse au rat musqué. Petit mammifère rongeur habitant les marais, le bord des lacs et les rives des cours d'eau à faible courant, le « rat d'eau » est le plus prolifique et le plus répandu de tous les animaux à fourrure de la vallée du Saint-Laurent. Il est également le plus chassé. Le temps doux revenu, quand la glace recouvre encore les étendues d'eau, le rat se pratique une ouverture pour mieux respirer. L'homme l'ayant repéré n'a qu'à faire feu dès que l'animal se montre le nez. Quelques semaines plus tard, à l'époque des crues, on délaisse le fusil pour le piège ou la nasse qu'on installe à l'entrée de l'abri de l'animal, sous le niveau de l'eau.

Bien que certains le chassent pour sa viande*, le rat musqué l'est surtout pour sa fourrure, « rapport, dit-on, qu'elle est d'un bon rapport ». En effet, de 1800 à 1827, alors que l'ensemble des fourrures canadiennes connait de fortes baisses de prix sur les marchés internationaux, celles du rat musqué ne cessent d'accroître leur valeur[8]. Et les États-Unis en sont les plus forts acheteurs. Pour ses peaux, l'habitant trouve donc facilement

* La chair du rat musqué (ondatra) est excellente, sauf au printemps alors que des glandes secrètent un musc fort odorant.

preneur chez quelque marchand de la ville. La chair, que l'Église permet de consommer les jours maigres, se vend bien sur les petits marchés publics.

Dans les Cent-Iles du lac Saint-Pierre[9], ce plat pays où le Saint-Laurent s'égare en de multiples chenaux, le rat musqué abonde. Il se creuse aisément des abris dans les matériaux meubles qui constituent les berges des îles et arrive à se nourrir grassement des racines des plantes aquatiques. Là, la chasse au rat musqué est une activité printannière importante et les peaux sont vendues à bon prix à Sorel.

L'oie blanche et l'outarde

Un matin de la fin de mars, l'habitant de la région de Québec est distrait de sa besogne par un cri qui provient du ciel, semblable à un aboiement rauque. C'est le retour des oies blanches*. Voilà des siècles qu'elles répètent ainsi cette migration avec la régularité du pendule. Parties quelques jours plus tôt de leur territoire d'hiver de Knotts Island et de Pea Island, près du cap Hatteras en Caroline du nord, elles arrivent en survolant les vallées de la Richelieu et de la Chaudière, comme si elles se servaient de voies d'eau pour s'orienter[10]. Parvenues au Saint-Laurent, en volées considérables, à l'altitude élevée de 600 mètres, elles tournent vers l'est et suivent le fleuve ou le bord des Laurentides jusqu'au cap Tourmente.

* Nom populaire de la Grande Oie Blanche, espèce qu'on ne retrouve nulle part ailleurs dans le monde.

Puis, soudain, reconnaissant leur aire de repos, elles se mettent toutes à tomber comme des feuilles mortes. Le chasseur dit alors qu'elles « cassent les ailes ». Près du sol, elles se redressent, reprennent leur vol régulier et se posent délicatement. On croirait un ballet. « Pendant des heures, c'est une procession jusqu'à ce que la colonie entière soit arrivée, carcadant de toutes parts, et si fort, qu'on entend ces cris à des milles de distance... Le corps principal est protégé contre tout danger par des sentinelles qui se tiennent à l'entour, surtout du côté de terre (sic). Celles-ci, debout ici et là, tête haute, immobiles et prêtes à donner le signal d'alarme à la moindre alerte, guettent l'approche du chasseur[11] ».

Après une journée de travail, maintenant que la plupart des barques sont à l'ancre, des pêcheurs de Paspébiac, habillés de vareuses ou de salopettes, préparent la morue. À l'arrière, deux d'entre eux vident le contenu d'une barque. Un autre, plus à l'avant, charge la table de poissons. Le « décolleur » (deuxième à gauche) ouvre le poisson, l'évide et lui rompt la tête. Le « trancheur » (l'extrême-gauche) enlève l'arête et laisse tomber le poisson dans un tonneau. Un « saleur » le couvrira de sel, avant qu'il soit mis à sécher sur les vigneaux. Ces opérations, vieilles de plusieurs siècles, se déroulent ici sous l'oeil intéressé de deux vieux fumeurs de pipe, qui ne savaient quoi faire de leur temps et qui ont peut-être eux-mêmes déjà pêché la morue.

Les oies blanches, viennent ici se reposer longuement, pendant près de deux mois, avant le début de la saison des amours. Elles ne partiront pour gagner l'est de l'Arctique canadien et la côte occidentale du Groënland que durant les derniers jours de mai. Le territoire qu'elles occupent est fort restreint, car là seulement pousse en grande quantité le scirpe américain*; il s'étend, selon le biologiste Louis Lemieux, sur « une bande presque continue de Montmorency au cap Tourmente sur la rive nord du fleuve, de Sainte-Pétronille à Saint-François sur la rive nord de l'île d'Orléans et de Saint-Vallier à Saint-Roch-des-Aulnaies sur la rive sud du fleuve[12] ».

Ce sont les racines du scirpe dont les oies semblent si friandes. Elles plongent la tête entière parfois à une profondeur de 30 centimètres dans la vase pour sortir ces tubercules. Elles coupent de leur bec la tige qu'elles laissent tomber sur le sol. On dit qu'une grève après le passage de l'oie blanche est comme un terrain labouré. « D'habitude, après leur repas du matin, à la marée basse, les oies s'élèvent par groupes, souvent toutes à la fois, et vont sur les dunes du large chercher le sable et le gravier si utiles à leur système digestif. »

Parfois, au sein de la colonie d'oies blanches**, se glisse l'outarde. Ces deux oiseaux se connaissent bien, car ils hivernent souvent ensemble sur la côte américaine. Mais contrairement à l'oie, l'outarde est fort répandue en Amérique. Ses couloirs de migration sont nombreux et ses aires de nourriture, diverses. Au printemps et à l'automne, on la retrouve depuis Montréal jusqu'au golfe. C'est aussi un abondant visiteur saisonnier aux Iles-de-la-Madeleine***.

L'outarde vole en bandes nombreuses aussi bien la nuit que le jour. Si le vol est de longue durée, les oiseaux prennent place à la file indienne et les plus vieux viennent en tête. Le mâle, qui dirige le voyage, lance de temps en temps un cri sonore qui peut être entendu de très loin. Lorsqu'il est fatigué, il cède sa place à un autre et en gagne une à l'arrière.

Cet oiseau à l'ouïe très fine ne se laisse guère approcher. Circonspect, il passe habituellement la journée dans des lieux où il peut facilement voir venir le danger et, sitôt la nuit tombée, il gagne les marécages ou les champs cultivés pour y chercher sa nourriture. Il occupe ainsi ses nuits à manger.

* Sorte de foin de grève qui, grâce à ses rhizomes profondément enfouis, résiste à l'action des vagues et des glaces, et dont l'oie raffole. Le scirpe pousse surtout dans cette partie du fleuve dite l'estuaire, où s'opère la transition entre l'eau douce et la mer.

** On suppose que les oies devaient être très nombreuses à l'arrivée des blancs. Néanmoins, en 1860, elles ne sont plus que 3 000. Lemieux croit que, bien plus que la chasse, une grave épizootie aurait décimé le troupeau. En 1973, il s'élève à 145 000 individus.

*** La famille de l'outarde comprend deux espèces notables. La Bernache du Canada qui, par son poids et l'envergure de ses ailes, est la plus grande, fréquente les rives du Saint-Laurent et les champs herbeux en amont de Québec surtout. La Bernache cravant, plus petite et n'ayant pas les joues blanches de sa consoeur, visite le littoral de l'estuaire et du golfe, où pousse sa nourriture principale, la zostère marine. L'homme utilise cette plante, l'herbe à bernaches, pour guérir les clous et les furoncles, sans doute à cause de sa haute teneur en iode. À l'Isle-Verte, ses feuilles, dessalées puis séchées en bottes dans les champs, entrent dans la confection des matelas.

L'homme utilise toutes les ruses pour chasser l'oie blanche et l'outarde. Il organise de grandes chasses nocturnes souvent couronnées de succès, car il est facile de les repérer la nuit, grâce aux caquetages qu'elles émettent en cherchant leur nourriture. Caché dans des trous creusés sur la grève, embusqué derrière un buisson ou quelque rocher, le chasseur tue l'oiseau au passage.

Mais le mode de chasse à l'outarde le plus commun consiste à utiliser des outardes domestiquées*. Dans un bon nombre de fermes le long du Saint-Laurent, particulièrement chez les insulaires et ceux qui habitent à proximité de battures, on élève de ces outardes dont on a pris soin de couper quelques rémiges et casser le bout de l'aile pour les empêcher de s'envoler. Ces oiseaux sont estimés très précieux. Nourris et logés avec grand soin, ils ne servent que « d'appelants vivants » lors du passage des outardes sauvages. On n'en fait guère le commerce, préférant les garder « dans la famille » jusqu'à leur mort**.

* De tout temps, en France et en Angleterre, on a facilement domestiqué l'outarde.

** Une outarde peut vivre plus de 20 ans en captivité.

La morue

La mer, à l'image de la terre, offre une grande variété de paysages. Des déserts succèdent à des zones densément peuplées et des plateaux s'effondrent soudain vers les grands fonds. Dans le golfe Saint-Laurent, le lit de la mer, formé de vastes plaines où vit le plancton*** en suspension, descend en pente douce. Et plus l'on s'abaisse, plus le plancton se raréfie. Au printemps, le réchauffement de l'eau occasionne une explosion considérable de vie nouvelle dans le plancton, ce qui attire le poisson, qui, par bancs entiers, vient s'y alimenter[13]. Jamais au cours de l'année moment ne sera plus favorable à la pêche dans le golfe. Le hareng, le capelan et l'éperlan arrivent par milliers dans les anses et les baies.

Le Gaspésien et le Madelinot s'en trouvent beaucoup réjouis. Si ces poissons montent à pleines « mouvées », la morue n'est assûrément pas loin à leur poursuite, car ils sont, après le lançon, sa nourriture préférée. Au moyen de filets ou de verveux, les pêcheurs s'empressent de recueillir cette manne qui leur servira d'appât, de « bouette », pour la morue. Puis ils mettent la « barge**** » à l'eau et partent, à la voile ou à la rame, s'ancrer à quelques kilomètres de la côte. La morue étant

*** Ce terme créé par le Norvégien Victor Hensen en 1887 désigne l'ensemble de tous ces êtres vivants, végétaux et animaux, flottant passivement entre deux eaux.

**** Grosse chaloupe propre à la pêche en mer. Certains la nomment « berge ».

un poisson surtout de fond, il faut, pour la pêcher, tendre à la main de longues lignes au bout desquelles sont attachées deux hameçons. « Le pêcheur descend sa ligne près du fond où se tient la morue et y imprime quelques coups secs. Puis il attend que le poisson morde. Il utilise ordinairement deux lignes en même temps, mais certains en utilisent jusqu'à quatre qu'ils laissent pendre de chaque côté de l'embarcation[14] ». On pêche tout le jour, depuis l'aube jusqu'à la fin de l'après-midi. Le soir on tranche, puis on sale les 300 kilos de morue rapportés sur la rive. Souvent même, ce travail se termine au fanal. Le lendemain matin, les plus âgés repartent à la pêche, alors que les plus jeunes sortent la morue du sel pour l'étendre sur les « vigneaux* ». Cela dure six mois, jusqu'en novembre, alors que les eaux côtières se refroidissent et que la morue regagne d'autres lieux plus chauds.

En Gaspésie, on ne vit que de la morue. En 1836, un voyageur observe: « Par les yeux et par les narines, par la langue et par la gorge, aussi bien que par les oreilles, vous vous convaincrez bientôt que sur la côte gaspésienne, la morue forme la base de la nourriture** et des amusements, des affaires et des conversations, des regrets et des espérances, de la fortune et de la vie, j'oserais dire de la société elle-même[15] ». Malgré une population peu élevée et des techniques traditionnelles, les pêches étonnent par leur abondance. Bon an, mal an, on exporte 35 000 quintaux de morue, 5 000 de saumon, 10 000 à 12 000 de hareng, de sardine et de maquereau[16]. Mais le Gaspésien vit misérablement. De grandes compagnies à capitaux étrangers, établies sur le pourtour de la péninsule, monopolisent le commerce de la morue. Elles offrent aux pêcheurs des montants dérisoires et ne les paient qu'en nature. L'endettement est grand. C'est « le temps des Robin », du nom de cette riche famille jersiaise qui détient les comptoirs les plus importants. Et si des Gaspésiens montrent quelque velléité de s'affranchir et de vendre ailleurs leurs poissons, on menace de les traduire pour dettes devant les tribunaux[17].

* Aménagement en forme de table, recouvert de branches, où l'on fait sécher la morue à l'air libre. Voir Pierre Rastoul et Alain Ross, *La Gaspésie de Grosses-Roches à Gaspé* (1978): 71-75.

** On consomme aussi beaucoup de pain et de pommes de terre.

La pêche à fascines

Comme celles du golfe, les eaux du fleuve, au printemps, regorgent de poissons, alors que de nombreuses espèces ana-

Pêche à fascines
à l'Isle-Verte.

dromes* remontent pour gagner le lieu de la frai. Ils sont alors l'objet d'une pêche intensive de Saint-Fidèle de Charlevoix à Sainte-Anne-de-la-Pérade, sur la rive nord, et de Sainte-Flavie de Rimouski à Deschaillons, sur la rive sud. Pour ce faire, on utilise un procédé « à la fois ingénieux et primitif » qui compte avec le jeu des fortes marées du fleuve, « la pêche à fascines ».

Après le départ des glaces, le cultivateur qui habite cette région se rend à marée basse installer ses fascines. Il ne fait pas chaud pour « monter une pêche » à ce temps de l'année. Chaudement vêtu donc, il apporte une bonne provision de piquets d'érable** et de « harts*** » d'aulne, de saule ou de coudrier. Sur la rive, du point de la plus haute marée à celui de la plus basse, il plante d'abord en ligne droite les piquets de bois-franc, puis y entrelace les harts de manière à ne laisser aucun espace. Le travail est long. Un homme seul peut mettre cinq jours à tresser cette clôture, parfois longue de 100 mètres. Et le jeu des marées l'empêche de travailler quand bon lui semble. Puis il dispose de place en place, le long de cette haie d'osier, des coffres de bois qui ont un verveux pour entrée****. À marée haute, les poissons qui aiment arpenter les rives riches en nourriture, se butent à ces clôtures. Cherchant alors à gagner les bas-fonds, ils longent ces barrières et entrent dans les coffres où ils se retrouvent prisonniers.

Dans l'estuaire d'eau douce où l'écart entre deux marées atteint parfois cinq mètres, il faut prévoir des perches de cette hauteur pour la construction des fascines. On organise des corvées de cinq ou six hommes, qui mettent une semaine à tendre chaque pêche. De véritables enclos en forme de « C » où s'amasse le poisson terminent ces palissades. Une famille ne possède pas toujours une pêche; souvent on s'associe entre voisins pour exploiter une seule installation.

Deux fois par jour, à marée basse, il faut se rendre quérir le poisson immobilisé dans les coffres ou les enclos. En mai ou juin, on y retrouve des quantités incroyables de harengs, d'éperlans, de capelans et de sardines*****. Partout à l'Isle-aux-Coudres, Rivière-Ouelle, La Malbaie, l'Isle-Verte, chaque marée apporte des dizaines de « banneaux****** » de poissons que l'on répand dans les champs pour engraisser la terre. On raconte qu'il n'y a pas meilleur fumier pour la culture de la pomme de terre. Les goélands ne sont pas dupes du stratagème et délaissent la mer

* Espèces dont les individus croissent dans la mer, mais retournent frayer dans les eaux douces qui les ont vus naître.

** On choisit surtout des piquets d'érable, mais aussi de bouleau, de merisier et de hêtre. L'important est de trouver un bois résistant aux coups du maillet ou de la masse et de faible dimension, afin qu'il s'enfonce profondément dans la vase et glisse le long des cailloux qui pourraient se trouver sur son chemin.

*** Longue branche dégarnie de ses feuilles qui présente l'allure d'un fouet.

**** Certains remplacent le verveux par la « bourrole », un large entonnoir d'osier invitant le poisson à pénétrer dans le coffre. D'autres attachent à quelques perches des bouquets de verdure qui simulent à marée haute les plantes inondées de la berge.

***** Appellation populaire du sprat. On appelle également sardine les petits harengs de moins de 15 centimètres.

****** Tombereau. C'est le banneau d'été, celui sur roues, qu'on utilise pour la récolte des poissons. Celui d'hiver, sur patins, sert, entre autres, à transporter la neige.

pour se repaître dans les champs fumés au poisson. De là la tradition de les chasser ou de les attraper pour les pendre bien en vue dans les champs de Charlevoix. On nourrit également les porcs de ces poissons; l'homme mange l'éperlan frit et le hareng fumé ou saumuré.

Le hareng, le capelan et l'éperlan

Dans le golfe Saint-Laurent, ces trois espèces de poisson à livrée métallique voyagent ensemble. Peut-être n'en existe-t-il pas de plus grégaires. Par générations entières, ils forment des myriades errantes, couvrant plusieurs kilomètres carrés, qui poursuivent la même course. Ils naissent, mangent, voyagent, se reproduisent et meurent en groupes.

Au printemps et à l'automne, ils gagnent les eaux douces pour frayer à l'abri de l'eau salée qui tue les embryons. Au 19e siècle, le hareng et l'éperlan remontent jusqu'à la hauteur de Deschaillons, alors que le capelan s'arrête à Québec. Les bancs sont si denses qu'ils opposent parfois de la résistance aux rames plongées à l'eau. Dans les frayères, les oeufs sont pondus par millions. Si un seul de ces poissons pouvait sauver sa progéniture entière et que celle-ci jouisse du même privilège pendant dix ans, les mers du monde ne seraient plus qu'une masse grouillante de ces espèces. Les alevins tout comme les adultes sont donc beaucoup chassés dans les profondeurs de la mer. Fait à noter, le hareng et son prédateur naturel, la morue, constituent la plus importante source d'alimentation en poisson de l'humanité. Quant au capelan, qui a la curieuse habitude de frayer dans les brisants, sur les fonds de sable, c'est par milliers parfois qu'il se rend sur le rivage. L'habitant dit alors qu'il « roule » et le ramasse à la fourche, à la pelle ou à l'épuisette.

Fumer le hareng est une pratique vieille de plusieurs siècles, puisque dès le milieu du 12e siècle des documents français font allusion aux harengs saurs. L'abbaye de Fécamp, un important port de pêche de la Normandie, cède alors à la commune de

Colleville un ou deux arbres pour saurir le hareng[18].

C'est là un art délicat. On choisit d'abord les harengs les moins gras, car, au fumage, la chair des plus gros reste molle. Les meilleurs harengs à fumer sont ceux que l'on pêche huit jours après leur arrivée[19]. Ils ont alors eu le temps de frayer et se sont notablement amaigris*. On place ce poisson pour six heures durant[20] dans une saumure fortement salée. Il faut prendre garde cependant de ne trop le saler; autrement, le poisson viendrait d'un blanc terne au fumage. Aussi dès que les ouïes commencent à blanchir, signe que le poisson est assez salé, on le retire de la saumure. Un à un, en rangs serrés, chaque poisson est enfilé sur des perches de bois que l'on suspend dans la « boucannerie ». Le fumage dure une journée et demie. Comme il importe que le feu soit sans flamme. qu'il laisse échapper beaucoup de fumée, on choisit de la sciure humide de hêtre ou de chêne, ou du bois de grève encore imbibé d'eau. La sciure de conifère, si abondante, est à proscrire pour son goût de résine. D'argenté qu'il est en entrant au fumoir, le hareng devient lentement brun, puis doré. Sur la côte, au temps des boucanneries, tout l'air ambiant s'imprègne de cette odeur de hareng fumé.

* Au rebours de la majorité des autres poissons, c'est au temps du frai que le hareng est le plus savoureux.

Le marsouin

Quand le hareng, l'éperlan et le capelan commencent à remonter l'estuaire, la morue cesse de les pourchasser à la hauteur de Sainte-Flavie. Mais le marsouin blanc** qui aime tant s'en repaître et ne craint pas les eaux plus douces pourvu qu'elles demeurent froides, continue à les poursuivre. En fait, il se rend surtout près de ces frayères de poissons que sont les environs de la rivière Ouelle et de l'Isle-aux-Coudres. Là, du début de mai à la mi-juin, tant que dure le frai, c'est pour lui l'euphorie. Amaigri par le jeûne relatif de l'hiver, il se gorge de petits poissons avec un tel appétit qu'en huit ou dix jours, il acquiert de 15 à 20 centimètres de graisse. Il en bouffe tant qu'il en vient à ressentir une certaine langueur, un état de bien-être qui le rendrait insouciant[21].

Les habitants de Rivière-Ouelle connaissent bien ce retour du marsouin. Aussi, prenant exemple de la pêche à fascines, ils

** Son véritable nom: « béluga », est d'origine russe et signifie: « de couleur blanche ». Dans la vallée du Saint-Laurent, on appelle l'adulte: « marsouin » ou « marsouin blanc », car il est tout blanc; alors que les jeunes individus de différents âges portent le nom de veau, gris et blafard. Sur la biologie du marsouin, voir V.-V. Vladykov, *Chasse, biologie et valeur économique du Marsouin blanc ou Béluga (Delphinapterus leucas) du fleuve et du golfe Saint-Laurent* (1944).

édifient annuellement une gigantesque pêche à marsouins formée de 7 200 perches, longues de six mètres et plantées à un mètre l'une de l'autre. Il n'est pas nécessaire de fermer l'espace entre chaque perche, car le marsouin, se dirigeant grâce à un sonar, ne perçoit pas, semble-t-il, cet espacement. Cette barrière de perches de deux kilomètres se termine par un vaste enclos formant un demi-cercle de deux kilomètres de large*. À marée haute, les marsouins gavés et indolents se butent à cette barrière et s'engagent dans l'enclos. Lorsqu'ils réalisent leur état de prisonnier, ils s'agitent, mais il est déjà trop tard, car la marée baissante a laissé la porte d'entrée presque à gué. Alors les dix hommes qui faisaient le guet sur la rive, armés d'espontons et de harpons**, descendent en canots à la poursuite des captifs. S'ils se hâtent, c'est que les marsouins sont nombreux et qu'il ne faut pas être surpris par la marée montante. Ils peuvent être entre 20 et 40, selon les marées; il s'en est trouvé parfois une centaine lors d'une même marée. Ils s'affichent d'autant plus audacieux que le marsouin, une bête inoffensive, songe toujours à la fuite plutôt qu'à l'attaque.

Dès qu'ils sont à bonne portée, les harponneurs lancent leurs dards. Les marsouins piqués au flanc plongent, se roulent, bondissent à la surface de l'eau pour se débarrasser de ce trait qui lentement les affaiblit. Les canots emportés avec violence portent à peine sur l'eau. Lorsque l'animal montre quelque signe d'épuisement***, on lui lance l'esponton qui le transperce parfois de part en part. Il gémit. Mais à moins que les blessures n'aient atteint la moelle épinière, l'agonie dure encore une trentaine de minutes.

La chasse au marsouins est d'une rare violence. Un observateur écrit: « Qu'on se figure, si l'on peut, l'animation que présente la chasse aux marsouins, lorsqu'il y en a une centaine dans les mares, que 25 ou 30 hommes sont à leur poursuite, que cinq ou six canots traînés par les marsouins sillonnent la pêche en tous sens, que les espontons sont lancés de toutes parts et que les hommes sont tous couverts de sang qui jaillit à flots****. Au milieu des clameurs des combattants et des « silements » plaintifs que poussent les marsouins blessés, quelques harponneurs sautent sur leur dos, d'autres s'élancent à la mer jusqu'aux épaules et brandissent les espontons, semant partout le carnage et la mort. L'enceinte de la pêche ressemble, à la fin de cette

* Tout comme ceux de Rivière-Ouelle, les habitants de l'Isle-aux-Coudres chassent également le marsouin. Mais leur pêche est de dimension deux fois moindre. D'ailleurs, on répète que ce sont les habitants de Rivière-Ouelle qui ont appris aux insulaires de la rive nord le mode de pêche au marsouin.

** L'esponton est un dard fixé à un manche de deux mètres, alors que le harpon est un dard long de 60 centimètres et muni d'oreillettes qui s'ouvrent lorsqu'on veut le retirer.

*** Quinze minutes suffisent à épuiser un gros mâle, mais la femelle résiste deux fois plus longtemps.

**** Le marsouin est un animal très sanguin; l'adulte porte en lui de 35 à 45 litres de sang.

lutte, à un lac de sang[22] ».

Aussitôt que toutes les bêtes sont mortes, un signal convenu à l'avance est fait du large aux hommes du rivage pour leur indiquer le nombre de marsouins abattus, afin qu'ils expédient les chevaux nécessaires pour ramener les dépouilles sur le littoral. Il faut faire vite; déjà la marée recommence à monter. Les marsouins sont hissés, puis attachés sur de grosses « menoires* » que tirent les chevaux. Si l'on ne dispose pas de chevaux ou que le temps manque pour rapporter tous les marsouins, on a recours à un ancien mode d'ancrage appelé « barbe de chatte » qui consiste à fixer dans la vase huit à dix perches, formant une croix de Saint-André à laquelle sont attachés les marsouins jusqu'à la prochaine marée.

* Timon, brancard, habituellement fixé au devant d'une voiture, auquel on attelle le cheval.

Le dépeçage se fait sur la rive. Ventre en l'air, le marsouin est ouvert de la queue à la tête par quatre dépeceurs armés de longs couteaux. En un tournemain, on le déshabille de son manteau de lard. Dans un hangar à proximité, des hommes détachent le lard de la peau que l'on replie autour d'un rouleau. Les techniques d'extraction de l'huile de marsouin sont identiques à celles des Madelinots pour l'huile de loup-marin. Si la température est particulièrement clémente, il suffit d'exposer le lard au soleil et il dégorge de lui-même. Mais les impuretés, telles que le sang et les morceaux de peau, qui coulent avec l'huile dans les barriques de bois, contaminent le produit à la longue et le rendent nauséabond. Il vaut mieux alors faire chauffer la graisse sur un feu ni trop doux, ni trop ardent, et l'huile vient beaucoup plus pure.

Un marsouin donne 400 litres d'huile; un individu exceptionnellement gras, 500. À Rivière-Ouelle, on se fait une spécialité de purifier cette huile et de traiter les peaux. En 1855, à l'exposition universelle de Paris, aucune huile animale n'égale celle produite par la maison Charles-Hilaire Têtu de cet endroit. On en vend de grandes quantités aux tanneries de Québec pour le corroyage des peaux[23]. On s'en sert pour l'éclairage des rues dans les villes, car c'est une des huiles animales qui se consume le plus lentement. Les ménagères des environs l'utilisent aussi pour la cuisson domestique[24].

Contrairement aux animaux terrestres où la surface de la peau est réduite à cause du cou et des quatres pattes et le cuir beaucoup plus épais sur le dos que le ventre, la peau du marsouin, d'une grande surface, est d'épaisseur uniforme et de texture égale d'une extrémité à l'autre. Salée, elle se conserve plusieurs années sans se détériorer. Tannée à la pruche* et assouplie à l'huile de marsouin, elle forme un des cuirs les plus résistants qui serve à la fabrication des ceintures, courroies, hauts de chausse, souliers et vestes. On en recouvre aussi les coffres, les malles, les sièges et le toit des voitures. Comme ce cuir n'a pas de grain, il acquiert un poli superbe. Une paire de bottes en peau de marsouin est inusable et dure facilement « le règne d'un homme et de son fils ». Les meilleures courroies pour les animaux de trait sont de marsouin, mais ce cuir cependant se déforme à l'eau. Aussi si, par malheur, la pluie prend au moment des labours, par exemple, les attelages deviennent fort extensibles, se déforment et il faut cesser immédiatement les travaux jusqu'à ce qu'ils soient asséchés.

* De tous les conifères du Québec, la pruche (Tsuga du Canada) est l'espèce la moins boréale et la moins tolérante à l'égard du froid. Son écorce riche en tanin sert au tannage des peaux.

À partir de la mi-juin, moment où le hareng, l'éperlan et le capelan redescendent à la mer, les marsouins ne s'aventurent plus sur le littoral. Les captures se raréfient donc. On ne démantèle pas pour autant ces « pêches », car elles serviront encore à l'automne. Les petits poissons qui remonteront alors pour frayer une seconde fois et les anguilles en route pour la mer des Sargasses attireront à nouveau les marsouins dans ces vastes enclos.

La pêche en eau douce

Les variétés de poissons pêchés en amont de l'Ile d'Orléans diffèrent sensiblement de celles de l'aval. Ce sont toutes des espèces bien adaptées à l'eau douce. Barbottes, barbues, perchaudes, achigans, carpes et crapets voisinent avec le corégone, la lotte, le brochet, le maskinongé, l'esturgeon jaune, le doré, l'alose, le poisson-castor et le poisson armé. Des localités ont leurs dictons, leurs points de repère saisonniers, pour connaître le moment le plus propice à la pêche. À Sainte-Croix de Lotbinière, on pêche l'alose quand les pruniers sont en fleurs. On se fait une tradition familiale de consommer en son temps chaque espèce de poisson.

Des fosses sont bien connues. Les grandes pêches à l'esturgeon jaune se pratiquent en face de Deschambault et de Trois-

Rivières. Le brochet abonde à la rivière Godefroy. On cueille l'écrevisse à pleins paniers entre Saint-Lambert et Laprairie[25]. Avec des légumes, ces poissons composent les « gargottes » de la région de Montréal et les « gibelottes » des Cent-Iles du lac Saint-Pierre. Le poisson le plus répandu est l'anguille, que l'on pêche à l'année, mais surtout à l'automne au moment où elle redescend vers la mer.

Les techniques de pêche varient beaucoup. Jusqu'à Deschaillons, on utilise les pêches à fascines, car le jeu des marées est encore important. Pendant l'été, le corégone et la lotte s'y prennent en abondance. Plus en amont, on a recours au filet, au verveux, au rets, à la seine et à la ligne dormante. En été, la pêche nocturne au dard et au fanal, apprise des Amérindiens, est connue de tous. Chacun sait que, le soir venu, un poisson ne résiste jamais à l'attrait d'une source lumineuse. S'approchant pour caracoler, il prête ainsi flanc au dard et on ne le rate pas. Cette pêche se pratique aussi en plein jour, le fanal en moins, bien sûr.

La navigation

ALYS

Scènes d'une cale-sèche, début mai 1876, le long du canal Lachine. Des ouvriers procèdent aux réparations d'usage avant la saison de navigation. L'un repeint la figure de proue, un second répare le treuil et les autres, munis de maillets, calfatent.

La débâcle, violente et impétueuse, purge des restes du long hiver et redonne au fleuve sa vocation première. De carrossable, celui-ci redevient navigable. Sur les côtes, de l'Isle-aux-Coudres à Montréal, de Gaspé à Sorel, le moindre chantier naval, la plus petite cale sèche se fait fébrile. À Québec, l'arrivée du premier vaisseau d'Angleterre occasionne chez les marchands une journée de réjouissances et « elle est aussi sensationnelle que l'apparition d'un Hindou dans le paradis insulaire de Sainte-Hélène[1] ».

Mai est le mois des lancements de bateaux et les navires de quelqu'importance, fraîchement construits, sont toujours l'objet d'une cérémonie officielle. À Québec, lorsque l'événement se produit, c'est jour de congé pour les employés de chantier et, avec les membres de leur famille, ils assistent à l'événement avant de faire la fête. Selon la vieille coutume païenne utilisée pour conjurer le mauvais sort, des ouvriers ont fixé un « mai[2] » à la proue du navire. Le vaisseau porte un nom choisi par le propriétaire. Quand vient l'heure de la mise à l'eau, le chef des ouvriers fait sauter la « clef », soit le dernier billot à retenir le bateau sur son lit de poutres. Le bateau s'ébranle. La foule se tait, car l'opération comporte des dangers. La rampe grince. Parfois elle cède. Il faut alors la réparer et attendre une nouvelle marée. Mais lorsque le lancement est réussi et que le navire touche l'eau, les spectateurs y vont d'un tonnerre d'acclamations. Plus de doute maintenant sur la qualité de sa construction. Mais s'il verse en touchant l'eau, on le croit promis à la malchance.

La goélette

Sur le fleuve, la « voiture d'eau » la plus courante est la goélette à voiles à fond plat, conçue pour répondre aux difficultés de la navigation. Contrairement aux gros navires retenus souvent au large par l'absence de quai, la goélette, forte d'un fond plat et d'un faible tirant d'eau, peut accoster n'importe où. On la charge et la décharge à l'ancre, en eau plus ou moins profonde. On peut même le faire à l'échouage, ce qui permet aux charrettes tirées par les chevaux de s'approcher tout près, évitant ainsi le transbordement des marchandises dans de plus petites embarcations[3].

Toute la batellerie, dont le cabotage, repose sur elle. Chaque localité a ses goélettes. En 1852, dans le comté de Portneuf, on estime à 150 le nombre de goélettes et de bateaux appartenant au comté, ce qui fournit de l'emploi à 700 hommes[4]. Des goélettes font la navette entre Deschambault et Québec, Sainte-Croix de Lotbinière et Deschaillons, Grondines et Trois-Rivières, Louiseville et Montréal. C'est par goélette que les habitants de Kamouraska apportent aux marchés de Québec leur beurre si estimé, que ceux de l'Isle-aux-Coudres livrent leurs barriques d'huile de marsouin ou leurs « poches » de pommes de terre.

Le bac

Pour le transport de lourdes charges sur de courtes distances et partout où une rivière fait obstacle à une route terrestre, on utilise le bac, gros radeau rudimentaire fait de troncs d'arbres. En 1796, sur « le chemin du roy », on franchit ainsi les rivières Cap-Rouge, Jacques-Cartier, Sainte-Anne, Batiscan, Champlain, Saint-Maurice et des Prairies. Le bac glisse le long d'un câble relié à chacune des deux rives et un homme, toujours le même, fait office de passeur. À Cap-Rouge, c'est Nicolas l'ainé; aux Écureuils, Grenon; à Sainte-Anne-de-la-Pérade, Boisvert; à Batiscan, Périn; à Champlain, Duval, et au Cap-de-la-Madeleine, Corbin[5]. Le passeur reçoit d'ailleurs son salaire des voyageurs qui empruntent son bac. Un bac est si lourd qu'au printemps, il est nécessaire d'organiser une corvée de tous les habitants du voisinage pour aider le passeur à le remettre à l'eau, ainsi qu'à l'automne pour l'en sortir. Et il ne peut naviguer que là où l'eau atteint une profondeur d'un mètre.

En 1820, la construction d'un pont sur la rivière Jacques-Cartier par Jérôme Demers, de la paroisse des Écureuils, devait beaucoup réjouir les vieux usagers du bac. Le curé de Cap-Santé écrit, onze ans plus tard: « Ce pont a procuré, depuis, un moyen de communication beaucoup plus commode et plus sûr que n'était celui du bac. Quand il n'y avait que ce bac, pendant plusieurs mois, le printemps et l'automne de même, il devenait impossible de passer la rivière avec le bac, ou la chose se faisait avec beaucoup de danger. Dans le cours de l'été même, après de

L'Anse-aux-Foulons,
à Québec.

grandes pluies, la rivière grossissait tout à coup de manière à empêcher le passage...[6] »

La chaloupe

Pour aller individuellement d'une paroisse à l'autre, sur un cours d'eau, on emprunte la chaloupe, faite de bordages de pin*. Quand se forment les glaces à l'automne et qu'elles se rompent au printemps, c'est le véhicule le plus sûr. Même le long du fleuve les habitants se voisinent d'une rive à l'autre en chaloupe. La traversée comporte cependant un certain risque et, pour ne pas être entraîné par le courant, on va toujours en remontant, pour mieux dériver par la suite à l'endroit où on veut mettre pied à terre.

* On l'appelle parfois le « canot de pin » par opposition au canot d'écorce.

Le « rabaska »

Les plus beaux canots d'écorce, ceux précisément qu'on emploie pour se rendre dans les « pays d'en haut » et qu'on appelle « rabaskas » ou « maîtres-canots », sont fabriqués à Trois-Rivières[7]. Ce village, la troisième agglomération en importance, même s'il ne compte en 1815 que 2 500 habitants, tient son secret des Amérindiens et des coureurs de bois qui, cent ans auparavant, faisaient de lui, la seconde capitale de la fourrure au Canada. Avec le temps cependant, Montréal devait drainer tout le commerce des pelleteries. Néanmoins la fabrication du rabaska se poursuivit à Trois-Rivières et, chaque printemps, les grandes compagnies de fourrures viennent y faire provision de nouveaux canots qu'elles font mener un à un jusqu'à Lachine. Là, les voyageurs des pays d'en haut, ceux qui doivent se rendre à Michillimakinac ou Grand-Portage, d'importants centres de traite des fourrures de l'Ouest, y prennent place, apportant avec eux des aliments, de la marchandise de troc**, des armes de chasse, de la poudre à fusil et du rhum.

Il y a loin de Lachine à Michillimakinac: 1 500 kilomètres, 36 « portages ». Par beau temps, le voyage dure un mois. Mais la pluie et le vent qui lève forcent à l'arrêt, car ces grands canots pleins à ras bords*** ne peuvent supporter de fortes vagues. Bien

** La marchandise de troc qui, auprès des Amérindiens, sert de monnaie d'échange pour les fourrures, se compose surtout de pièces de literie et de bimbeloterie.

*** Le rabaska peut contenir de 12 à 18 hommes, sans compter leurs biens.

que très légers, car ils sont faits de pièces d'écorce de bouleau blanc cousues de radicelles d'épinette blanche, ces canots ne versent jamais. Mais au contact d'une pierre, ils peuvent facilement s'endommager. Aussi n'est-il pas rare de voir de hardis canotiers préférer se jeter à l'eau quelques secondes avant la collision pour alléger le poids de leur embarcation et réduire d'autant les dommages à la paroi.

Si d'aventure le canot se perce, on bouche l'orifice avec de la gomme d'épinette fondue qui durcit rapidement et assure l'étanchéité. Si la brèche est trop ample, on trempe et broie, comme du mortier, du bois d'aubier* d'un bouleau blanc que l'on applique sur l'ouverture. On recouvre le tout d'une guenille imbibée de gomme d'épinette liquide. C'est pourquoi les avironneurs apportent toujours avec eux un bon contenant de gomme d'épinette et un rouleau d'écorce de bouleau. À l'automne, tout juste avant la formation des glaces, quand reviennent à Lachine ces rabaskas qui ont parcouru 3 000 kilomètres dans les pays d'en haut, plus d'un présente sur la « pince » avant et les côtés des balafres cicatrisées avec de la gomme d'épinette.

* Tout arbre se compose d'écorce, de bois d'aubier et de bois de coeur. C'est à l'intérieur du bois d'aubier surtout, tout juste sous l'écorce, que court la sève qui alimente l'arbre, alors que, plus au centre, le bois de coeur est souvent dur et sans vie.

La cage

En 1800, Philemon Wright, Américain d'origine, commerçant de bois et fondateur de Hull, imagine le principe de la « cage » pour envoyer à Québec tout le bois équarri dans les chantiers de la rivière Outaouais. Ce bois n'est guère ouvré, car l'Angleterre, qui l'importe, juge plus rentable de le transformer chez elle[8]. Les longues poutres sont assemblées de manière à former des radeaux. Puis, attachés les uns aux autres, ces radeaux en viennent à former une très grande plate-forme de bois flottant qu'on appelle cage. Il se voit des cages de 2 500 poutres de « bois-carré », 100 radeaux, plusieurs arpents de superficie et une trentaine d'hommes d'équipage[9]. De mai à octobre, quasi sans interruption, les cages défilent de la vallée de l'Outaouais jusqu'à Québec. Il y en a tant sur le fleuve qu'en 1845, on adopte une loi obligeant les « cageux » à entretenir un feu brillant pour signaler leur présence la nuit. Québec en accueille 2 000 en une seule année[10]. Sur place, elles sont démontées et les poutres qui les formaient, hissées une à une

Un commerce lucratif

Lorsqu'en 1763, l'Angleterre, après la guerre de sept ans, peut prendre possession du Canada, elle acquiert surtout une des plus grandes forêts du monde. La richesse, la variété et la qualité des bois qui la composent sont telles que seules les grandes forêts russes lui sont comparables. À l'exposition universelle de Paris de 1855, on juge qu'elle fournit les meilleurs bois du monde pour la construction.

La France avait toujours négligé l'exploitation de cette forêt; mais l'Angleterre y verra son profit. Pendant 40 ans, de 1806 à 1846, elle trouve tout le bois qu'il lui faut dans ses colonies nord-américaines et particulièrement dans la vallée du Saint-Laurent. C'est l'époque de la révolution industrielle, des grandes constructions de chemins de fer, de canaux, de ports et d'usines. Au Québec, des régions entières sont rasées. C'est à pleins bateaux que le bois équarri de la vallée de l'Outaouais et de la Gatineau quitte le port de Québec à destination de la métropole anglaise. Une poignée d'entrepreneurs deviennent propriétaires des réserves de la colonie. À Québec, des Anglais et des Écossais accumulent des fortunes colossales dans la construction navale. Et tous les moyens sont bons pour exporter du bois. En 1824 et 1825, un jeune Écossais fait bâtir à l'Anse-du-Fort, sur l'Ile d'Orléans, les deux plus grands vaisseaux à être construits à ce jour, le *Columbus*, jaugeant 3 700 tonneaux, et le *Baron of Renfrew*, de 5 300 tonneaux. Ces navires quittèrent Québec chargés de bois à ras bords et « on les avait construits dans le but de les défaire dès leur arrivée en Écosse ou en Angleterre, s'exemptant ainsi les droits sur le bois dont ils étaient faits ».

Mais il y a plus. Comme en 1850 l'Angleterre produit à elle seule près de la moitié de tous les tissus de coton qui se vendent dans le monde, soit 18 millions de broches de coton brut et 600 millions de livres de coton filé annuellement, il lui faut des quantités fabuleuses de potasse pour nettoyer et, surtout, blanchir les fibres, sans quoi les grandes filatures deviennent inopérantes. Ce produit ne s'obtient que des cendres de vastes étendues de forêts brûlées. Voilà pourquoi on incite les colons de la vallée du Saint-Laurent à prendre l'habitude, en arrivant sur une nouvelle terre, d'y mettre le feu. Des régions entières, comme celle des Cantons de l'Est et des Bois-Francs, vivent maigrement, pendant un certain temps, du commerce de la potasse. Et cela devient avec le bois la principale matière exportée.

« L'Angleterre avait incarné le « monopole blanc » au siècle dernier et, en plusieurs domaines, jusqu'en 1939. Elle régentait le plus vaste empire jamais connu: 27% des terres émergées, un quart de la population mondiale, des Blancs, des Jaunes et des Noirs; toutes les religions, toutes les variétés imaginables de produits. » La vallée du Saint-Laurent a contribué de sa forêt à cet empire.

L.-E. Bois, *L'Ile d'Orléans* (1895): 125-129; René Dabernat, « L'Angleterre et la fin du "monopole blanc" », *Le Monde*, 6 mars 1979; Jean Hamelin et Yves Roby, *Histoire économique du Québec, 1851-1896* (1971): 207-227; Fernand Ouellet, *Histoire économique et sociale du Québec, 1760-1850* (1966): 391; J.-C. Taché, *Le Canada et l'exposition universelle de 1855* (1856): 171, 343, 351.

Des « cageux ».

dans les flancs des navires.

Le métier de cageux n'est pas de tout repos. Affronter les rapides de Lachine alors que la cage gémit et risque à tout instant la dislocation, tient de la plus grande audace. S'engager sur le lac Saint-Pierre qui, long de 38 kilomètres et large de 11, peut au moindre vent se transformer en une mer houleuse, commande la prudence. Par les grosses saisons, au gré des vents et des courants, un cageux effectue jusqu'à 20 voyages. Il vit à la dure, dort à la belle étoile, sous des tentes ou des abris de fortune.

Le navire à vapeur

Parfois, sur sa route, le cageux croise le dernier-né des navires, celui mû à la vapeur, une découverte aussi importante que la poudre à canon, la boussole et l'imprimerie. Ce petit bateau, s'il est appelé à révolutionner les transports sur le Saint-Laurent, impressionne peu pour l'instant. En fait, bien que l'on sache appliquer la vapeur à la navigation à compter de 1807, la mécanique n'est guère au point. En 1818, il faut mettre 36 heures pour franchir la distance de Québec à Montréal. Aussi les armateurs, peu impressionnés par de telles performances, continuent de miser sur le voilier qu'ils tiennent pour supérieur[11]. Et ce n'est pas avant la seconde moitié du siècle que le navire à vapeur, plus puissant et moins sujet aux aléas des vents et des courants, assurera des liaisons régulières entre les villes et les villages.

Le « *horse-boat* »

De 1820 à 1846, on a souvent recours à la force chevaline pour franchir de courtes distances sur le fleuve. De Longueuil à Montréal, de L'Isle (Sainte-Angèle-de-Laval) à Trois-Rivières, le service de traversier est assuré par quatre à six chevaux qui, tournant autour d'un cabestan, actionnent ainsi deux roues à aubes[12]. Mais ces *horse-boats*, aussi appelés barques à chevaux, particulièrement exposés au roulis et au tangage, sont lents et instables et plus d'un passager craint de les emprunter[13]. Entre

Construction navale
à Lévis.

Saint-Nicolas, Lévis et Québec, il s'en trouve trois en opération de 1826 à 1846. Là encore, les hasards de la traversée, alors que par mauvais temps les passagers doivent prêter main-forte aux chevaux sous peine de se retrouver à l'Ile d'Orléans, feront disparaître ce type de traversiers[14]. Mais certains osent recourir à ce navire pour parcourir des distances encore plus longues. En 1842, Robert Blair, un agent de la compagnie Price nouvellement établi le long du Saguenay, s'y rend en horse-boat. « Ce monsieur partit de Québec et arriva à la Grande-Baie en horse-boat, invention que le père Alexis Tremblay (Picoté) avait cru devoir lui rendre service (sic) pour touer tous les bâtiments et surtout pour louvoyer lorsque le vent serait contraire. Ce vaisseau, outre ses roues, avait sa mâture et ses voiles que l'on déployait pour courir la bordée la plus favorisée par le vent, et que l'on abattait ensuite pour courir de l'autre bordée en faisant fonctionner les roues. Mais l'inventeur ne fut pas longtemps sans s'apercevoir que ce système ne pourrait pas rendre les services que l'on attendait[15] ».

Le pilotage

Sur le fleuve, tous les modes de transport se côtoient. La vapeur chemine tout à côté de la voile, du cheval et de l'homme. Or, piloter un navire sur le Saint-Laurent, un des cours d'eau les plus difficiles du monde, au dire des capitaines les plus expérimentés, demande beaucoup d'adresse. En effet, le chenal est tortueux, les courants sont variables et les marées sont capricieuses. À Grondines, au temps des grandes marées, l'eau monte d'un à quatre mètres; quant aux petites marées, elles varient de 60 centimètres à 2,7 mètres. Des centaines de pièges jalonnent le chenal: le passage du cap du Corbeau, la barre à Boulard, la traverse de Rivière-du-Loup, les éboulis de Champlain, les hauts-fonds de Cap-Santé, etc. Seuls les pilotes audacieux et habiles peuvent triompher de ces obstacles. Ils n'utilisent ni compas, ni autre instrument pour se guider[16]. Des phares, des bouées et des centaines de points de repère, tels un clocher d'église, un moulin à vent ou un cap, les orientent dans les endroits dangereux. À Champlain, sur la terre des Massicotte qui borde le fleuve, des grosses bonnes femmes appelées

Gravure représentant le bureau des pilotes à Montréal, telle qu'utilisée comme en-tête d'une lettre datée de 1853. C'est là un procédé publicitaire tout à fait nouveau, puisque les premières gravures utilisées en Occident comme en-têtes de lettre dateraient des années 1830. L'exercice de la profession de pilote est resté basé sur la libre concurrence entre les pilotes brevetés jusqu'en 1860 et on remarque que le nombre excessif de pilotes encourageait de fréquentes infractions aux règlements (échouements et collisions attribués à la négligence, pilotage sous le coup d'une suspension, etc.). Mais l'institution en 1860 de la Corporation des pilotes marqua un changement radical dans l'organisation du service de pilotage; on éliminait désormais, à la demande des pilotes eux-mêmes, la libre entreprise, la remplaçant par l'affectation des pilotes à tour de rôle, et on instituait la mise en commun des recettes du pilotage. Malgré l'opposition des armateurs, on reconnut par la suite qu'il s'agissait là d'une des plus efficaces façons d'organiser le pilotage sur le Saint-Laurent.

« béguines », faites de perches assemblées de telle manière qu'on dirait bien des géantes, tiennent lieu de phares de jour ou de sémaphores[17]. Quoi qu'il en soit, il est important de souligner que, depuis le début de la colonie, comme les renseignements touchant le fleuve se transmettaient oralement et secrètement, les pilotes ont tenu la clef du pays et ont assuré en quelque sorte les échanges économiques.

Lorsqu'un pilote prend charge d'un vaisseau à Montréal, il est de douze à quinze heures sur la passerelle; il lui faut une grande concentration. Il peut, dit-on, à peine répondre à qui lui parle. Il ne prend même pas de repas. Et ne s'improvise pas pilote qui veut. Une réglementation sévère régit le pilotage et la profession est bien organisée. La Trinity House de Québec, fondée en 1805, et celle de Montréal, ouverte en 1839, décernent les certificats de pilotage, fixent les règles de l'apprentissage, gèrent le fonds de secours des pilotes à la retraite et voient à l'entretien de certains phares et bouées. Chaque paroisse compte un certain nombre de pilotes agréés, mais ils sont plus nombreux sur la Côte-du-Sud et dans le Bas-du-fleuve, sur le littoral de Charlevoix et dans les paroisses allant de Champlain à Québec.

Avant 1851, Québec est le grand port de mer. C'est là que tous les océaniques s'arrêtent, car seuls les navires de moins de 400 tonneaux et d'un tirant d'eau inférieur à 3,3 mètres peuvent se rendre à Montréal. À l'occasion de l'ouverture de la navigation, les citoyens de Lévis et de Québec se pressent sur les rives du fleuve pour assister à l'arrivée des voiliers d'outre-mer. « Les navires s'amènent à la file indienne au nombre de 30, 40 par jour; en juin 1840, 116 arrivent à Québec en une seule journée. Et il leur faut 40 jours en moyenne pour faire la traversée de l'Atlantique et remonter le fleuve Saint-Laurent jusqu'à Québec ».

Il va sans dire qu'à tant fréquenter le fleuve, beaucoup y laissent leur vie. En 12 ans, de 1832 à 1844, 48 pilotes et caboteurs de Saint-Jean de l'Ile d'Orléans meurent noyés. Le 8 août 1847, un samedi soir, une chaloupe ayant à son bord 21 personnes de Saint-Antoine-de-Tilly, revenant du marché de Québec, est surprise par une tempête et chavire en face de Saint-Nicolas. Dix-huit passagers, presque toutes des femmes, se noient.

Les métiers ambulants

Le fleuve et les rivières sont maintenant libres de leurs glaces. Le temps des sucres, après la coulée abondante qui coïncide avec la débâcle, tire à sa fin. Les routes de terre sont par endroits glacées, par d'autres, boueuses. On ne sait plus s'il faut utiliser le véhicule à patins ou celui à roues. Les carrioles traînent le fond, alors que les voitures à roues s'embourbent. « Dans le temps de la fonte des neiges, on dit naturellement que "les chemins se brisent" quand la croûte formée par la gelée de la nuit fond à l'ardeur du soleil. À cette saison de l'année, une journée chaude est une journée de mauvais temps ou tout au moins une journée de mauvais chemins pour ceux qui voyagent[1] ». Après la messe du dimanche, sur le perron de l'église, le crieur public, cloche en main, annonce que les chemins devront être ouverts au plus tard le premier mai*. Le paysan sait alors qu'il ne dispose plus que de quelques jours pour rendre carrossable la portion de chemin qui passe en face de chez lui, car, si un accident survient sur un chemin mal entretenu, il peut être tenu responsable et, dans ce cas, doit défrayer le coût des dommages.

* Le crieur public tient cet ordre du capitaine de milice de la paroisse. Celui-ci, depuis l'époque de la Nouvelle-France, est chargé, entre autres, de faire respecter tous les règlements concernant l'entretien des chemins. Il est à l'emploi du grand-voyer, un fonctionnaire régional qui voit au bon état du réseau routier.

Jusqu'en 1841, le métier de cantonnier n'existe pas dans la vallée du Saint-Laurent. Il incombe à l'habitant d'enlever la neige, de casser la glace, d'aplanir les dos-de-cheval, de combler les ventres-de-boeufs et de faire disparaître les bourbiers et les ornières. Souvent un simple hersage suffit, d'autant plus que les hauts fossés de chaque côté de la route parviennent facilement à contenir les eaux du printemps. Mais lorsqu'un ruisseau impétueux a miné la route, il faut la remettre en état. Néanmoins, on accorde parfois la permission spéciale de retarder les travaux de réfection jusqu'après les semailles, si le chemin est trop endommagé.

Au plus tard au début de mai donc, on remise les voitures d'hiver au profit de celles d'été. Désormais on roulera plutôt que de glisser. Dans la boutique du forgeron de la paroisse, l'enclume résonne du matin au soir. C'est une grosse saison pour cet homme de métier. À titre de charron souvent, il cercle les roues des voitures et les remet en état de rouler. À titre de maréchal ferrant, il remplace les fers à crampons des chevaux par des fers plats. Cette tâche est importante, car, à présent qu'il n'y a plus de neige, les chevaux peuvent se blesser avec les fers d'hiver. Un bon forgeron peut ferrer une quinzaine de chevaux durant une journée. Certains cultivateurs font eux-mêmes ce travail. Par ailleurs, on croit que ferrer dans le croissant de la lune donne un meilleur rendement, « parce que la corne du sabot de l'animal pousse alors plus rapidement ».

Avec la belle saison, ceux qui pratiquent des métiers ambulants reprennent la route. Tous plus bigarrés les uns que les autres, ces « oiseaux de passage » défileront dans les campagnes jusqu'au retour des neiges. D'où viennent-ils? Où vont-ils? On ne le sait guère. Eux, probablement pour bénéficier de la réputation mystérieuse qu'on leur fait, n'en parlent jamais. Chose certaine, ils ont le monde écrit sur leur visage. Quelques-uns vont à pied; d'autres, sur de vieilles voitures tirées par des picouilles*. Ils ont pour métier de faire du neuf avec du vieux.

* On appelle également haridelles ou rosses les chevaux de peu de valeur.

Le fondeur de cuillers

Le fondeur de cuillers passe par les maisons avec sa boutique sur le dos. Il emprunte les rangs d'en arrière, où les gens sont souvent de condition modeste. Heureuse de le voir revenir, la ménagère lui donne à réparer les cuillers d'étain abimées. Malléables, elles plient, se bossèlent et cassent même. Seul le fondeur peut les remettre à neuf. Il dispose d'une variété de moules dont la valeur tient avant tout aux dessins, fleurons ou arabesques d'une qualité artistique variable que la matrice imprime en relief sur le manche de la cuiller. Un d'entre eux possède même un moule orné d'un ostensoir. Aussi se présente-t-il en disant: « Ma cousine, prenez le Saint-Sacrement; ce n'est pas beaucoup plus cher et c'est la bénédiction des familles; avec des cuillers comme celle-ci, on n'a presque pas besoin de dire le *Benedicite*[2] ». Fait à noter, le fondeur a soin de donner un poids fixe aux cuillers qu'il fabrique, car l'habitant les utilise par la suite comme étalons pour peser la laine et la filasse dans les balances de bois[3].

Adulé des enfants à qui il sait raconter de longues histoires et qui le paient de l'attention qu'ils mettent à suivre son travail, cet artisan qu'on loge et nourrit gratuitement, voyage parfois avec sa famille. À l'occasion, il vend de menus objets d'étain qui lui rapportent un certain bénéfice. Il sait aussi confectionner épinglettes et boutons et rafistoler les vieux chaudrons.

Le raccommodeur de faïence

Tout aussi habile de ses mains, le raccommodeur de faïence utilise une technique bien particulière. Ingénieux, il fore la pièce de vaisselle cassée de chaque côté de la brisure, puis enfile dans les trous une grosse ficelle. Il recouvre cette corde d'un mastic et la retire par un des trous. Alors il coule l'étain dans le conduit laissé ouvert par la corde. L'étain refroidi, le mastic s'enlève et laisse voir un petit lien qui, avec ses deux bouts rivés l'un à l'autre, permet à l'objet raccommodé de durer autant qu'un neuf.

Le « crampeur » de poêles

Sorte de forgeron habillé comme un ramoneur, car il manie la ferraille et la suie, le crampeur de poêles raccommode les plaques de poêle brisées par l'action du feu. Il utilise une tige de fer pliée en forme de « crampe » qu'il insère dans les trous percés dans la fonte, de chaque côté de la fissure, à l'aide d'un vilebrequin de foreur. Fortement rivée au revers de la plaque, cette tige redonne au poêle sa solidité première.

Véritable bénédiction pour une population n'ayant parfois que peu de rapport avec la ville et forcée de rafistoler le moindre objet brisé, le fondeur de cuillers, le raccommodeur de faïence et le crampeur de poêles sont les trois principaux artisans ambulants. À la ville, avec le temps, s'ajouteront le rémouleur, ou aiguiseur de couteaux, et le raccommodeur de parapluies qui, lui, pour signaler son arrivée, voyagera avec sa cloche sous le bras.

Le maître

Le maître ambulant, surnommé « le colporteur de l'intelligence[4] », voyage à petite journée avec pour tout arsenal un alphabet et une ardoise. Il élit domicile chez le seigneur ou quelque cultivateur pour donner aux enfants du voisinage les rudiments de la lecture, de l'écriture et du calcul. Et lorsqu'il a épuisé son bagage de connaissances, après quelques semaines ou quelques mois, il quitte les lieux pour reprendre ailleurs son enseignement.

Le notaire

L'instituteur ambulant mène généralement une vie rangée. Comme beaucoup ne savent pas écrire, il a parfois pour tâche de rédiger des lettres d'amour ou quelqu'autre message pour un être cher. Il en va de même pour le notaire, qui parcourt les paroisses, son encrier de corne sur la hanche et son sac de loup-marin sur l'épaule, en quête de contrats de mariage, d'actes de vente, d'obligations, de « donaisons* » ou d'autres documents à rédiger. Toujours âgé dit-on, bien mis, il passe à date fixe et on le paie à la pièce.

* Appelés aussi « donations ». Lorsqu'un habitant juge qu'il est trop vieux pour administrer son bien, il le donne à l'un de ses fils, moyennant quoi celui-ci s'engage à héberger et faire vivre ses parents jusqu'à l'heure de leur mort.

Pour tout dire, la profession de notaire de 1800 à 1850 est à son plus bas niveau. Ce n'est qu'en 1847 que l'on pose de véritables exigences à l'admission à la cléricature. Il y a tant de notaires dans la vallée du Saint-Laurent que tous se sont appauvris. En 1837, dans chaque village de la vallée de la Richelieu, deux, trois et même quatre notaires doivent se partager le peu d'actes offerts par une population rarement supérieure à 2000 habitants. Et la situation est la même partout. Dans les villes, certains vont parfois de porte en porte offrir leurs services à prix d'aubaine. D'autres, véritables bohémiens du notariat, prennent la route à la recherche d'une clientèle qui leur permettrait de mieux vivre. Le prestige de toutes les professions dites libérales aurait été très bas à cette époque: dans l'esprit populaire, les médecins, les avocats et les notaires n'étaient que des ignares, des ivrognes et, qui plus est, de moralité douteuse[5].

Le marchand ambulant

Au temps de la Nouvelle-France, des colporteurs, appelés « coureurs de côtes », parcouraient les campagnes pour offrir à l'habitant des marchandises de toutes sortes ou lui acheter des produits de la terre. Même si les dirigeants politiques leur faisaient la chasse, les accusant d'acheter à bas prix des denrées

De tous temps, il s'est trouvé des marchands ambulants au Québec. Celui-ci offre de la lingerie aux habitants de Ferme-Neuve en 1953.

nécessaires comme le blé et de les thésauriser jusqu'à la disette, le métier s'est toujours maintenu. Au 19e siècle, il constitue une technique d'échange importante.

Des potiers, des chaisiers, des ferblantiers, des poissonniers font du porte en porte pour vendre. Des Indiennes passent pour offrir des paniers, des balais, des mocassins. D'autres achètent des peaux, de la lingerie, du sucre d'érable, de la viande, des oeufs et des céréales. Parfois pour s'attirer les faveurs d'une population ou la remercier de son concours, des colporteurs font oeuvre de bienfaisance. Ainsi à l'été de 1842, André Cimon, « marchand de la Baie-Saint-Paul qui venait tous les ans au Saguenay avec un assortiment de marchandises », défraie le coût de la cloche de la chapelle de Grande-Baie, geste qui réjouit beaucoup les nouveaux colons de l'endroit[6]. Mais les marchands ambulants n'ont pas tous bonne presse. En 1837, le journal agricole *Le Glaneur* met en garde ses lecteurs contre les acheteurs de potasse. « Il est bon, écrit-il, d'avertir les Canadiens qui se livrent à cette exploitation, que ceux qui les visitent dans leurs humbles demeures pour acheter, se servent souvent de noms à eux inconnus, mais qui ne signifient absolument pas autre chose que « potasse »... L'habitant qui répond qu'il n'a pas l'article demandé mais seulement de la potasse, est requis de montrer sa marchandise, pour laquelle on offre un moindre prix parce que ce n'est pas ce que Monsieur a demandé et que la potasse n'a pas de prix cette année. L'habitant, de peur de ne rien obtenir de la potasse, très reconnaissant de la bonté qu'a Monsieur de l'avertir du prix du marché, lui laisse la marchandise à vil prix, au moins à un prix inférieur à celui du marché. On voit donc qu'il est bon quelquefois de connaître les différents noms donnés à un objet. Or la potasse se nomme encore sel d'absinthe, sel de centaurée, sel de tartre, sel de charbon bénit, cendres gravelées, salin, pierre à cautère, protoxide hydraté de potassium[7] ».

Les villes aussi comptent un certain nombre de vendeurs ambulants. À Québec, par exemple, avant 1854, date de l'inauguration du premier aqueduc, les « charrieurs d'eau » assurent la distribution complète de l'eau potable à travers la ville. « Sur leur petit banneau à deux roues, traîné par une rosse, ces derniers, en équilibre instable, devaient poser une barrique pleine d'eau, hermétiquement fermée par un couvercle en métal, en bois en en grosse toile à voiles, de manière à n'en pas répandre une goutte sur leur parcours. Les taux fixés étaient plus que raisonnables, et, sur leur perron de porte, les ménagères, entourées d'une montagne de vases disparates, guettaient le son de cloche annonçant le messie[8] ».

Le bon et le mauvais quêteux

Dans la vallée du Saint-Laurent, on se méfie souvent de l'étranger qui vient demander l'aumône. Un viel adage veut que « chaque paroisse peut nourrir ses pauvres ». Néanmoins il est de ces quêteux qui n'habitent pas les environs et, pourtant, savent s'attirer la sympathie. Les tournées du « bon quêteux » sont réglées comme la marche des saisons et, chaque année, presque à date fixe, il repasse solliciter la charité « pour l'amour du Bon Dieu ». Vêtu de haillons et portant besace au dos, il s'aide pour marcher d'un bâton de bois noueux. « Rapport aux chiens, dit-il, rapport seulement aux chiens, car Dieu merci la jambe est bonne. »

Son itinéraire est tracé à l'avance. Le quêteux de Saint-Grégoire, s'il arrive de Nicolet par le Quarante-Arpents ou de Sainte-Monique par le Grand-Saint-Esprit, emprunte d'abord le rang du village; puis, dans l'ordre, le Vide-Poche, le Pointu et le Beauséjour. Il n'arrête pas partout cependant et connaît les demeures où on l'a déjà bien reçu. S'il délaisse les gros villages au profit des petits et des rangs d'en arrière, c'est que les moins fortunés le portent sur la main. Il dîne chez l'un, soupe et couche chez l'autre. Celui qui l'héberge prévient ses voisins et les invite à la veillée en sa compagnie. Véritable journal ambulant, très habile conteur, il les entretient de mille et une anecdotes glanées tout au long de sa route. Ce soir-là, les enfants se font tirer l'oreille pour aller au lit.

Le quêteux couche dans le banc-lit, dit banc de quêteux. À moins qu'il ne dorme sur une paillasse, une peau de carriole ou le tapis du chien près du poêle*. Au petit matin, après le déjeuner, il repart en remerciant ses hôtes, plus riche d'un peu de farine, d'un « tapon » de laine, d'un pain de savon ou d'un oeuf. Quand son sac sera trop lourd, il vendra le produit de sa quête pour quelques sous qu'il conservera dans son grand

* La croyance populaire veut que le quêteux soit pouilleux. Aussi, après son départ, se hâte-t-on d'éventer sa couche.

mouchoir rouge noué. On fait beaucoup confiance au bon quêteux. Remettre une missive à Bellerive, par exemple, lorsqu'il passe à Baie-du-Febvre est un geste sûr, car rien de ce qui lui est confié ne se perd.

Des hommes, des femmes, des familles entières même quêtent. Et pour un quêteux bien accueilli, il est impossible de savoir combien se voient refuser l'aumône. Car il en passe de sombres, de taciturnes qui jettent la terreur dans un rang. C'est le cas des quêteux de Saint-Gervais de Bellechasse qui, regroupés en familles, vivent dans un faubourg à l'écart du village. « Ils partent tous ensemble et vont mendier dans les campagnes et dans les villes. Ils font des levées considérables de blé, de farine, dont ils font des dépôts qu'ils vendent. Ils ont aussi de l'argent. Ils n'ont point de billets de leur curé, ou ils lui en imposent pour en obtenir. Ceux qui en obtiennent les prêtent ou les louent aux autres ». Les quêteux de Saint-Gervais parcourent de grandes distances pour mendier. On signale leur présence depuis Québec jusqu'à Saint-Fidèle de Charlevoix sur la rive nord et de Sainte-Croix de Lotbinière à Rivière-du-Loup sur la rive sud. En juillet, ils regagnent leur faubourg « de crainte qu'on ne leur demande de travailler aux récoltes ». « De retour chez eux, ils font des repas et des divertissements entre eux dans leur concession. Ils passent la journée à fumer à l'ombre avec de longues pipes, pendant les récoltes. Si on leur demande de travailler, ils disent qu'ils gagnent plus à quêter[9]. »

Ils savent intimider les populations en les menaçant de maux de toutes sortes. Quand ils jettent un sort ou maudissent une maison, tout peut arriver. Les blés ne forment plus d'épis, le pain ne lève plus, la truie meurt en « cochonnant », les rats envahissent le grenier, les moutons naissent sans « margoulette », les chevaux meurent de « chiques* » et les enfants sont couverts de poux. On aurait même vu des pourceaux ensorcelés, droits comme des cierges, la tête en bas, tourner sur leur groin comme sur un essieu. Des couleuvres s'attacheraient à téter les vaches toutes les nuits, ne leur laissant au matin que du lait sanguinolent. Bref, le passage de ces mendiants risquerait de perturber l'ordre de la nature.

* La « chique » est une maladie des chevaux causée par l'oestre, une grosse mouche dont les larves vivent en parasites sous la peau et dans les fosses nasales de l'animal. Elle désigne aussi la quantité de tabac que le chiqueur se met dans la bouche.

Même si, au début, les mendiants des autres paroisses ont compris qu'il pouvait être avantageux de quêter sous l'appellation de « pauvres de Saint-Gervais[10] », le comportement de ce groupe finit peut-être par jeter le discrédit sur cette activité. Et lors des années de crise économique, alors que le nombre de quêteux augmente, les populations se montreront d'autant plus réfractaires à venir en aide aux étrangers qu'elles s'estimeront échaudées. En 1836, une année de mauvaises récoltes, seuls les habitants du comté de Rimouski acceptent de secourir les pauvres d'ailleurs. Les autres s'en tiennent aux mendiants de leur propre paroisse. On craint trop de croire pour pauvreté ce qui ne serait que vagabondage et fainéantise.

Le quêteux de la paroisse, lui, est connu. Il loge habituellement au bout d'un rang dans quelque cabane. On le nomme toujours par un sobriquet. L'Anguille trouve facilement les meilleurs raisons pour ne pas travailler. Jos-la-Galette n'accepte que de la galette de sarrasin. La Bienséance prétend donner aux enfants des leçons de savoir-vivre. Si ses maigres provisions s'épuisent, il rend visite aux voisins et tout rentre dans l'ordre. Il arrive qu'on lui confie de menus travaux: secouer les tapis, écosser les pois, peler les pommes de-terre, effilocher la laine ou mettre le tabac en « torquettes ». Ainsi gagne-t-il son dû.

Voilà. C'était le printemps, la saison du retour du soleil, de la remise en marche après l'arrêt imposé par l'hiver. Du dedans, on est passé au dehors. Ce qui n'était fin mars-début avril que la mort lente de l'hiver est devenu fin mai-début juin les prémices de l'été. C'est la Fête-Dieu, le temps des lilas. Que vienne maintenant la saison pleine!

Notes

Le pays

1. Pierre Dagenais, « La région des Laurentides », *Notre milieu. Aperçu général sur la province de Québec* (1942): 110. La hauteur de 1 500 pieds équivaut à 462 mètres.

2. C.V. Wilson, *Le climat du Québec. Mise en application des renseignements climatologiques*, Études climatologiques No 11, Environnement Canada (1973): 41. L'essentiel des données sur le climat est extrait de cet ouvrage.

3. Raoul Blanchard, *Le Canada français* (1960): 51.

4. *Ibid.*, p. 52.

5. *Ibid.*, p. 54.

6. Jean Hamelin et Yves Roby, *Histoire économique du Québec, 1851-1896* (1971): 12.

7. Soeur Marie-Ursule, *Civilisation traditionnelle des Lavalois* (1951): 85.

8. Albert Lozeau, *Billets du soir* (1912): 9.

9. *Le Canada français* (1960): 58. À noter que la forêt mixte est la limite méridionale des principales espèces d'animaux à fourrure.

10. Pierre Biays, *Les marges de l'oekoumène dans l'est du Canada* (1964): 163.

11. Pour en savoir plus long sur toutes les péripéties entourant l'ouverture de ce premier chemin de terre, voir Roland Sanfaçon, « La construction du premier chemin Québec-Montréal et le problème des corvées », RHAF, 12 (1958-1959): 3-29.

12. Benoît Brouillette, « La région des Appalaches », *Notre milieu. Aperçu général sur la province de Québec* (1942): 97.

13. Jean Hamelin et Yves Roby, *Histoire économique du Québec, 1851-1896* (1971): 4.

14. Le secteur primaire se dit des activités productrices de matières non transformées, par opposition au secteur secondaire qui désigne les activités productrices de matières transformées. Le secteur tertiaire, dit des services, comprend toutes les activités non directement productrices de biens de consommation.

15. Nous ne saurions tant prévenir le lecteur d'avoir constamment cette idée présente à l'esprit. Certains témoins font parfois état d'un fait qu'ils voudraient général, mais qui n'a qu'une portée locale.

16. François Vézina, « La région du Saint-Laurent », *Notre milieu. Aperçu général sur la province de Québec* (1942): 60.

17. Michel Gaumond et P.-L. Martin, *Les maîtres-potiers du bourg Saint-Denis, 1785-1888* (1978): 38.

18. *La Bibliothèque canadienne*, août 1826.

19. Sur les premiers moments de « Joliette », voir Jean-Claude Robert, « Un seigneur entrepreneur, Barthélemy Joliette, et la fondation du village d'Industrie (Joliette), 1822-1850 », *RHAF*, 26 (1972-1973): 375-395. Aussi *La Bibliothèque canadienne*, juin 1829.

20. Rémi Tremblay, *Pierre qui roule* (1923): 39.

21. *La Bibliothèque canadienne*, juin 1829.

22. *Le Glaneur*, mai 1837.

23. Cité par *La Bibliothèque canadienne*, fév. 1826.

24. J.-C. Taché, *Le Canada et l'exposition universelle de 1855* (1856): 98.

25. François Vézina, « La région du Saint-Laurent », *Notre milieu. Aperçu général de la province de Québec* (1942): 71.

26. Germain Lesage, *Histoire de Louiseville, 1665-1960* (1961): 163.

27. Jean Hamelin et Jean Provencher, « La vie de relations sur le Saint-Laurent entre Québec et Montréal au milieu du 18e siècle », *CGQ*, 11 (1967-1968): 248.

28. *Léon Gérin et l'habitant de Saint-Justin* (1968): 117.

29. *Ibid.*

Abréviations utilisées

BJN	Bibliothèque des Jeunes naturalistes
BPFC	*Bulletin du Parler français au Canada*
BRH	*Bulletin des Recherches historiques*
CGQ	*Cahiers de Géographie du Québec*
CHPQ	Conseil d'hygiène de la Province de Québec
MACQ	Ministère des Affaires culturelles du Québec
RHAF	*Revue d'Histoire de l'Amérique française*
RHG	*Revue d'Histoire de la Gaspésie*
RTQ	*Répertoire toponymique du Québec*
SCHEC	Société canadienne d'Histoire de l'Église catholique
SPPQ	Société pomologique de la Province de Québec

30. Georges Bouchard, « Le vieux four de chez nous », *Le Parler français*, 16 (1917-1918): 410.

La "terre"

1. MACQ, *La plaine côtière de Bellechasse* (1978): 10.

2. Albert Tessier, « La vie rurale en 1800 », *Cahiers des Dix*, 10 (1945): 180.

3. 21 fév. 1807.

4. Juin 1837.

5. *Le Glaneur*, janv. 1837.

6. *Ibid.* Une température de 8° à 10° Réaumur correspond à 10° et 12,5°C.

7. J.-F. Perrault, *Traité d'agriculture pratique*, 2 (1831): 62.

8. *Le Glaneur*, janv. 1837.

9. Gaumond et Martin, *Ibid.*, p. 142.

10. *Traité d'agriculture pratique*, 2 (1831): 64.

11. *La Bibliothèque canadienne*, juil. 1829.

12. *La Bibliothèque canadienne*, juil. 1826. Le journal ajoute: « On dit qu'il y en a aussi dans plusieurs endroits. Nous citons ceux-ci en particulier, parce que nous en avons eu des renseignements certains sur le sujet. »

13. *Le Spectateur*, 28 oct. 1813. Plusieurs journaux mentionnent le fait que des bûcherons abattent parfois des arbres contenant une ruche « sauvage ».

14. En 1807, *Le Canadien* affirme qu'on ne laboure presque plus qu'avec les chevaux.

15. H.-R. Casgrain, « La pêche aux marsouins dans le fleuve Saint-Laurent », *Oeuvres complètes*, 3 (1875): 117.

16. *La Bibliothèque canadienne*, août 1826.

17. C.-E. Mailhot, *Les Bois-Francs*, 4 (1925): 79.

18. *Le Canadien*, 21 fév. 1807.

La maison

1. *Le Glaneur*, juil. 1837.

2. Lessard et Marquis, *Ibid.*, p. 263.

3. R.-L. Séguin, « Quelques techniques et métiers traditionnels », *Cahiers des Dix*, 34 (1969): 169.

4. *Le Glaneur*, juil. 1837.

5. *Le Spectateur*, 29 juil. 1813.

6. Lessard et Marquis, *Ibid.*, p. 266.

7. *Le Spectateur*, 29 juil. 1813.

8. Basil-Hall, *Voyage dans les États-Unis de l'Amérique du Nord, et dans le Haut et le Bas-Canada* (1834): 179.

9. *Ibid.*

10. *La Bibliothèque canadienne*, 15 nov. 1829.

11. M.-B. Hogue, *Un trésor dans la montagne* (1954): 15.

12. J.-G. Paradis, *Petit traité d'hygiène à l'usage de l'école primaire* (1906): 29.

13. *La maison: fournil, poêle et combustible* (1978): 17. Radio-Canada, Présence du passé, cahier no 8.

14. *La Bibliothèque canadienne*, déc. 1825.

15. *Le Canada et l'exposition universelle de 1855* (1856): 300, 311.

16. Rémi Tremblay, *Pierre qui roule* (1923): 53.

17. La première communion survient vers l'âge de 12 ans et marque le terme de l'enfance. Rite de passage, elle confère, dans certaines familles, le droit pour un enfant de prendre place à la table principale. Voir Philippe-Joseph Aubert de Gaspé, *Les anciens Canadiens* (1925): 296.

18. Lorraine Tremblay, *La maison: le coffre, l'armoire et leur contenu* (1978): 15. Société Radio-Canada, Présence du passé, cahier No 7.

19. P.-L. Martin, *La maison: sièges et tables*

(1978): 18. Société Radio-Canada, Présence du passé, cahier No 6.

20. P.-L. Martin, *La berçante québécoise* (1973): 50. Les renseignements qui suivent sur la berçante sont tous extraits de cet ouvrage.

21. E.-Z. Massicotte, « Jours gras, mardi gras, mercredi des cendres », *BRH*, 27 (1921): 90.

22. *Voyage de Pehr Kalm au Canada en 1749* (1977): 84.

23. Citée par Nora Dawson, *La vie traditionnelle à Saint-Pierre (Ile d'Orléans)* (1960): 109.

24. Charles Trudelle, *Paroisse de Charlesbourg* (1887):254.

25. *Les maîtres-potiers du bourg Saint-Denis, 1785-1888* (1978): 115.

26. J.-G. Paradis, *Petit traité d'hygiène à l'usage de l'école primaire* (1906): 55.

27. V.-P. Jutras, « La maison », *BPFC*, 11 (1912): 205. À noter que le grenier pouvait connaître parfois un autre usage. À Saint-Denis-de-Richelieu, « la présence d'un poêle, d'outils de métier et de poteries » laisse croire que les potiers utilisaient le grenier, l'hiver, comme atelier. Voir Michel Gaumond et P.-L. Martin, *Les maîtres-potiers du bourg Saint-Denis, 1785-1888* (1978): 130s.

28. P.-L. Martin et Serge Saint-Pierre, *La terre et ses dépendances: bâtiments et aménagement agricole* (1979): 14. Société Radio-Canada, Présence du passé, cahier No 18.

29. *Voyage de Pehr Kalm au Canada en 1749* (1977): 293.

30. J.-G. Paradis, *Petit traité d'hygiène à l'usage de l'école primaire* (1906): 33.

31. Martin et Saint-Pierre, *Ibid.*

Le printemps

1. M-H. Catellier, *Le problème géographique de l'hiver dans les Cantons de l'Est* (1955): 50. -1°C et 13°C équivalent à 30°F et 55°F.

2. Victor Gaboriault, « La migration de printemps à Montréal », *Le Devoir*, 9 avril 1938.

3. *L'Agriculteur*, 12 (1859-1860): 38.

4. J-F. Perrault, *Traité d'agriculture pratique*, 2 (1831): 5.

5. *La Bibliothèque canadienne*, mai 1829.

6. Perrault, *Ibid.*, p. 6.

7. Frère Marie-Victorin, *Flore laurentienne* (1964): 164-169.

8. René Lagacé, « Quand on traversait de Québec à Lévis sur le pont de glace, *Concorde*, 10 (janv.-fév. 1959): 4s. Le passage des boeufs utilisé comme indice de résistance de la glace revient annuellement dans *Un pied d'ancre* (1963), le journal personnel de Placide Vigneau, un capitaine de goélette et gardien de phare sur la Côte-Nord de 1857 à 1926.

9. *Description topographique de la province du Bas-Canada* (1815): 247.

10. Rodolphe de Koninck, *Les Cent-Iles du lac Saint-Pierre* (1970): 16s.

11. Nous avons également trouvé une mention à l'effet que la récupération du bois flottant, en canot ou en chaloupe, se pratiquait aussi dans les îles de Boucherville.

Les rites

1. Félix Gatien et autres, *Histoire du Cap-Santé* (1955): 123.

2. Dans certaines paroisses, le bedeau doit voir à l'approvisionnement de rameaux.

3. C'est au Moyen-Âge que l'Église ordonna la suppression des cloches pendant les Jours saints.

4. Cette croyance est à rapprocher de celle des jardiniers du Loiret en France qui, le Vendredi saint, ne sèment pas après le lever du soleil, car alors la terre se met à saigner. Voir G. Bidault de L'Isle, *Vieux dictons de nos campagnes*, 1 (1952): 289.

Abréviations utilisées

BJN	Bibliothèque des Jeunes naturalistes
BPFC	*Bulletin du Parler français au Canada*
BRH	*Bulletin des Recherches historiques*
CGQ	*Cahiers de Géographie du Québec*
CHPQ	Conseil d'hygiène de la Province de Québec
MACQ	Ministère des Affaires culturelles du Québec
RHAF	*Revue d'Histoire de l'Amérique française*
RHG	*Revue d'Histoire de la Gaspésie*
RTQ	*Répertoire toponymique du Québec*
SCHEC	Société canadienne d'Histoire de l'Église catholique
SPPQ	Société pomologique de la Province de Québec

5. Bernard Dufebvre, « Le Bas-Canada en 1807 », *Concorde*, 5 (avril 1954): 26.

6. J.-S. Lesage, *Notes et esquisses québécoises* (1925): 107.

7. G. Bidault de L'Isle, *Vieux dictons de nos campagnes*, 1 (1952): 299.

8. On dénomme Pâques fleuries le dimanche des Rameaux.

9. L'Église catholique oblige ses fidèles à se confesser et communier au moins une fois dans le temps pascal.

10. Voir Sylva Clapin, « Le loup-garou », *BRH*, 5 (1899): 304; Alfred Désilets, *Souvenirs d'un octogénaire* (1922): 44-46; J.-E. Roy, *Histoire de la seigneurie de Lauzon*, 4 (1904): 208-210.

11. À Saint-Denis de Kamouraska, la tradition s'accorde à dire qu'il pleut toujours après la messe de la Saint-Marc.

12. L'ethnologue française Nicole Belmont note une ressemblance frappante entre les Rogations chrétiennes et les *Ambarvalia* de la Rome antique. En avril, les Romains, précédés des grands-prêtres, faisaient de longues processions dans les champs, souvent accompagnées de sacrifices d'animaux, pour honorer Cérès, la déesse des moissons. Voir N. Belmont, *Mythes et croyances dans l'ancienne France* (1973): 96s.

13. La description la plus complète d'une plantation du mai se retrouve dans l'ouvrage de Philippe-Joseph Aubert de Gaspé, *Les Anciens Canadiens* (1925): 96-102.

14. E-.Z. Massicotte, « La plantation du mai autrefois », *BRH*, 29 (1923): 151s.

15. Philippe Ariès, « La contraception autrefois », *L'Histoire*, 1 (1978): 36s.

16. Absence du flux menstruel chez une femme en âge de procréer.

17. Rémi Tremblay, *Pierre qui roule* (1923): 35.

18. M.-B. Hogue, *Un trésor dans la montagne* (1954): 111.

19. Louis Lalande, *Une vieille seigneurie, Boucherville* (1890): 195. On dit d'une femme enceinte qu'elle souffre du mal joli ou de la belle maladie.

20. J.-G. Paradis, *Feuilles de journal* (1923): 127.

21. Adjutor Rivard, *Chez nos gens* (1918): 23.

22. Habituellement, on dit du parrain et de la marraine qu'« ils sont dans les honneurs ».

23. R.-L. Séguin, *Les jouets anciens du Québec* (1969): 51. Séguin rappelle que cette pratique est courante partout dans la vallée.

24. Ce n'est pas avant les années 1930 qu'on réussira à abaisser, par des mesures gouvernementales telle la mise sur pied d'un réseau d'« unités sanitaires », un taux de mortalité infantile, supérieur à celui d'autres pays occidentaux.

25. Dans les maisons exiguës, les deux ou trois derniers-nés dorment avec les parents.

26. Marcel Rioux, *Belle-Anse* (1961): 34.

27. *Le Glaneur*, mai 1837.

28. Rémi Tremblay, *Pierre qui roule* (1923): 37.

29. H. de Lamothe, *Cinq mois chez les Français d'Amérique* (1879): 44.

30. Judith Blanchon, « La communion solennelle », *L'Histoire*, 1 (1978): 102.

31. Au « Buton » (Saint-Paul-de-Montminy, dans le comté de Montmagny), un curé exigera même plus tard six semaines d'exercices aux « préparants ». Voir G.-E. Marquis, *Aux sources canadiennes* (1918): 47.

32. Félix Gatien et autres, *Histoire du Cap-Santé* (1955): 147.

33. Plutôt que le jeudi, certaines paroisses préfèrent la célébrer le dimanche suivant la Trinité.

34. Louise Dechêne, *Habitants et marchands de Montréal au 17e siècle* (1974): 471.

35. Gérard Ouellet, *Histoire de Sainte-Anne-de-la-Pocatière* (1972): 190; Honorius Pro-

vost, *Sainte-Marie de la Nouvelle Beauce* (1967): 570.

Les activités domestiques

1. M.-F. Goddard, « La fabrication du sirop et du sucre d'érable dans le passé et dans le présent », SPPQ, *Rapport annuel* (1906): 141. On utilise probablement tout autant le chalumeau que la goutterelle. Pehr Kalm mentionne qu'en 1720, en Nouvelle-Angleterre, on recourt, entre autres, à des tiges de roseau évidées.

2. *Voyage de Pehr Kalm au Canada en 1749* (1977): 130.

3. *Ibid.*, p. 471.

4. *Le Glaneur*, mai 1837.

5. *La Bibliothèque canadienne*, juil. 1829. Pour nuancer l'affirmation de ce périodique, il faudrait ajouter que la « plaine » (érable rouge) donne un moins bon produit que l'érable à sucre.

6. Fernand Ouellet, *Histoire économique et sociale du Québec, 1760-1850* (1966): 345.

7. J.-C. Taché, *Le Canada et l'exposition universelle de 1855* (1856): 176.

8. Voir M.F. Goddard, « La fabrication du sirop et du sucre d'érable dans le passé et dans le présent », SPPQ, *Rapport annuel* (1906): 141-143.

9. Citée par Louis Morin, *Le calendrier folklorique de Saint-François de la Rivière-du-Sud* (1972): 47.

10. Nora Dawson, *La vie traditionnelle à Saint-Pierre (Ile d'Orléans)* (1960): 111.

11. E.-Z. Massicotte, « Le vent des moutons », *BRH*, 39 (1933): 719. Dans certaines paroisses, on tond les moutons au printemps et à l'automne. Mais on s'accorde pour dire que le printemps est le meilleur moment.

12. Louis Morin, *Le calendrier folklorique de Saint-François de la Rivière-du-Sud* (1972): 54.

13. Basil-Hall, *Voyage dans les États-Unis de l'Amérique du Nord et dans le Haut et Bas-Canada* (1834): 180.

14. Sur la fabrication de ces brosses, voir Soeur Marie-Ursule, *Civilisation traditionnelle des Lavalois* (1951): 143s.

15. E.-Z. Massicotte, « Buanderie, lavage, blanchissage », *BRH*, 36 (1930): 77s; Corinne Rocheleau Rouleau, *Laurentian Heritage* (1948): 28-29.

16. Louis Morin, *Le calendrier folklorique de Saint-François de la Rivière-du-Sud* (1972): 25.

17. Camille Roy, *Propos rustiques* (1930): 16.

18. *La Bibliothèque canadienne*, juin 1825.

19. Citée par Fernand Ouellet, *Histoire économique et sociale du Québec, 1760-1850* (1966): 448.

20. *Le Bulletin de la Ferme*, 17 (1929): 595.

21. Rémi Tremblay, *Pierre qui roule* (1923): 50.

22. Frère Marie-Victorin, *Flore laurentienne* (1964): 170.

23. 29 août 1807.

24. *Le Spectateur*, 15 juil. 1813.

25. *Le Courrier du Bas-Canada*, 20 nov. 1819.

26. Rodolphe de Koninck, *Les Cent-Îles du lac Saint-Pierre* (1970): 86.

27. L.-G. Godin, *Mémorial trifluvien*, série B, No 1 (1933): 11s.

28. *The seigneurial system in early Canada* (1968): 71.

29. Père Louis-Marie, « Historique de la commune de Baie-du-Febvre », *La revue d'Oka*, 17, (1943): 138.

30. F.-J. Audet, *Contrecoeur* (1940): 131.

Le travail de la terre

1. *La Bibliothèque canadienne*, avril 1829.

2. Frère Marie-Victorin, *Flore laurentienne* (1964): 160.

3. *La Bibliothèque canadienne*, mai 1829.

Abréviations utilisées

BJN	Bibliothèque des Jeunes naturalistes
BPFC	*Bulletin du Parler français au Canada*
BRH	*Bulletin des Recherches historiques*
CGQ	*Cahiers de Géographie du Québec*
CHPQ	Conseil d'hygiène de la Province de Québec
MACQ	Ministère des Affaires culturelles du Québec
RHAF	*Revue d'Histoire de l'Amérique française*
RHG	*Revue d'Histoire de la Gaspésie*
RTQ	*Répertoire toponymique du Québec*
SCHEC	Société canadienne d'Histoire de l'Église catholique
SPPQ	Société pomologique de la Province de Québec

4. *Ibid.*

5. *La Bibliothèque canadienne*, juil. 1829.

6. *La Bibliothèque canadienne*, 15 juil. 1829.

7. Henry Taylor, *Journal of a tour from Montreal thro' (...) Port St. Francis* (1840): 18. Cette référence, de même que la précédente, ne sont là que deux renseignements sur l'histoire d'une pratique que Taylor dit avoir été imaginée par un fermier écossais vers 1770. Dans la vallée du Saint-Laurent, est-ce là une méthode imitée d'Écosse ou imaginée par un habitant de Champlain ou de Cap-de-la-Madeleine?

8. *La Bibliothèque canadienne*, 15 juil. 1829.

9. *Ibid.*, août 1827.

10. Stanislas Drapeau, *Études sur les développements de la colonisation du Bas-Canada depuis dix ans (1851-1861)* (1863): 31.

11. J.-F. Perrault, *Traité d'agriculture pratique*, 2 (1831): 92. Selon Charles Boucher, de Notre-Dame-du-Portage, la mise en tas du varech permettrait à l'eau de pluie et à la neige d'en dissoudre le sel qui, autrement, pourrait brûler les sols et les plantes.

12. *Le Canadien* du 21 fév. 1807 affirme qu'on ne laboure presque plus qu'avec les chevaux, alors que *La Bibliothèque canadienne*, numéro de mai 1829, prétend que « les cultivateurs labourent ordinairement avec une paire de boeufs ».

13. *La Bibliothèque canadienne*, mai 1827.

14. 15 nov. 1829.

15. Avril 1837.

16. *Ibid.*, mai 1837.

17. J.-A. Richard, *Historique de la paroisse de Saint-Sébastien de Beauce (1869-1944)* (1944): 127.

18. C'est Joseph-François Perrault celui précisément surnommé «le grand-père Perrault», qui fait état de cette question dans son *Traité d'agriculture pratique*, 2 (1831): 66.

19. *La Gazette de Québec*, citée par *Le Courrier du Bas-Canada*, 30 oct. 1819.

Les cultures

1. J.-F. Perrault, *Traité d'agriculture pratique*, 2 (1831): 67.

2. *La Bibliothèque canadienne*, août 1828; Fernand Ouellet, *Histoire économique et sociale du Québec, 1760-1850* (1966): 240, 255-257, 336-342; Jean-Marc Fleury, Les céréales s'appauvrissent, *Québec Science*, fév. 1980: 36-41; *Le Spectateur*, 12 août 1813; C.A. Saint-Pierre et J.E. Chevrette, *Les céréales et le maïs* (1979): 40a.

3. J.F. Perrault, *Traité d'agriculture pratique*, 2 (1831): 69.

4. *Le Glaneur*, janv. 1837.

5. *Ibid.*; *Le Magazin du Bas-Canada*, mars 1832. On mentionne même une grave épidémie due au seigle ergoté « qui dévasta le pays de Wurtemberg, en Bohème, en 1736 ».

6. Alice Lévesque-Dubé, *Il y a soixante ans* (1943): 11. Le passe-pierre est un plantain maritime qui ne se retrouve qu'en aval de Québec.

7. *Le Glaneur*, janv. 1837.

8. *Le Magasin du Bas-Canada*, août 1832.

9. J.-F. Perrault, *Traité d'agriculture pratique*, 2 (1831): 73s.

10. Fernand Ouellet, *Histoire économique et sociale du Québec, 1760-1850* (1966): 452.

11. *Le Magasin du Bas-Canada*, sept. 1832.

12. Fernand Ouellet, *Histoire économique et sociale du Québec, 1760-1850* (1966): 251.

13. *Le Glaneur*, mars 1837.

14. Fernand Ouellet, *Ibid.*, p. 340.

15. *Le Glaneur*, *Ibid.*

16. Voyage de Pehr Kalm au Canada en 1749 (1977): 385.

17. R.-L. Séguin, *La civilisation traditionnelle de l'« habitant » au 17e et 18e siècles* (1967): 175.

18. Fernand Ouellet, *Histoire économique et sociale du Québec, 1760-1850* (1966): 251.

19. Musée du Québec, MACQ, *Cordonnerie traditionnelle* (1977): 20.

20. *La Bibliothèque canadienne*, fév. 1826.

21. *Ibid.*, mai 1827.

22. Alec Santerre, *Le potager* (1903): 26.

23. Thomas Anburey, *Travels through the Interior Parts of America*, 1 (1789): 71.

24. *La Bibliothèque canadienne*, déc. 1826.

25. J.B. Brown, *Views of Canada and the Colonists* (1851): 131.

La chasse et la pêche

1. W.-E. Godfrey, *Les oiseaux du Canada*, (1967): 481.

2. P.-J.-O. Chauveau, *Charles Guérin. Roman de moeurs canadienne* (1852): 176.

3. Les Madelinots ont également chassé le phoque en goélettes à voiles; mais les dangers inhérents à une telle pratique et la concurrence des Terre-Neuviens les a vite réduits à la chasse à pied.

4. *La Bibliothèque canadienne*, janv. 1830.

5. Pierre Deffontaines, *L'homme et l'hiver au Canada* (1957): 140.

6. Paul Hubert, *Les Iles-de-la-Madeleine et les Madelinots* (1926): 146.

7. *La Bibliothèque canadienne*, janv. 1830.

8. Fernand Ouellet, *Histoire économique et sociale du Québec, 1760-1850* (1966): 160, 316, 248.

9. Aussi appelées îles de Sorel, de la Richelieu ou de Berthier. Voir Rodolphe de Koninck, *Les Cent-Iles du lac Saint-Pierre* (1970).

10. Louis Lemieux, « Histoire naturelle et aménagement de la Grande Oie Blanche », *Naturaliste canadien*, 86 (1959): 145.

11. Charles Frémont, « La Grande Oie Blanche », *BJN*, 28 (26 avril 1937).

12. Lemieux ajoute qu'il y a de grandes grèves de scirpe sur quelques îles de cette région, notamment l'Isle-aux-Grues, l'île-aux-Oies, l'île aux Ruaux, l'île-Madame, l'île Sainte-Marguerite, l'île à Deux-Têtes et la Grosse Ile.

13. Lucien Beaugé, *Manuel du pêcheur* (1941): 114.

14. Marcel Moussette, *La pêche sur le Saint-Laurent* (1979): 80.

15. J.-B.-A. Ferland, « Journal d'un voyage sur les côtes de la Gaspésie en 1836 », *RHG*, 8 (1970): 89.

16. Joseph Bouchette, *Description topographique de la Province du Bas-Canada* (1815): 603.

17. Antoine Bernard, *La Gaspésie au soleil* (1925): 173. Aussi Raoul Blanchard, *L'Est du Canada français*, 1 (1935): 68s.

18. A. Thomazi, *Histoire de la pêche, des âges de la pierre à nos jours* (1947): 240.

19. Marcel Rioux, *Description de la culture de l'Ile-Verte* (1954): 20.

20. Rioux mentionne six heures. Mais Fred Bruemmer, dans « Le hareng, manne de l'Île-Verte », *Perspectives*, 29 mai 1965, parle de deux à trois jours.

21. H.-R. Casgrain, « La pêche aux marsouins dans le fleuve Saint-Laurent, *Oeuvres complètes*, 3 (1875): 115.

22. H.-R. Casgrain, *op. cit.*, p. 117.

23. Québec compte 32 petites tanneries en 1842.

24. E. Croff, *Nos ancêtres à l'oeuvre à la Rivière-Ouelle* (1931): 116.

25. Mais déjà le Suédois Pehr Kalm ajoutait en 1749: « Tout le monde dit qu'elles sont en

Abréviations utilisées

BJN	Bibliothèque des Jeunes naturalistes
BPFC	*Bulletin du Parler français au Canada*
BRH	*Bulletin des Recherches historiques*
CGQ	*Cahiers de Géographie du Québec*
CHPQ	Conseil d'hygiène de la Province de Québec
MACQ	Ministère des Affaires culturelles du Québec
RHAF	*Revue d'Histoire de l'Amérique française*
RHG	*Revue d'Histoire de la Gaspésie*
RTQ	*Répertoire toponymique du Québec*
SCHEC	Société canadienne d'Histoire de l'Église catholique
SPPQ	Société pomologique de la Province de Québec

bien plus petit nombre qu'autrefois parce qu'on en capture chaque année une grande quantité en vue de la vente ».

La navigation

1. P.-L. Martin, *Tolfrey, Un aristocrate au Bas-Canada* (1979): 139.

2. Voir section sur la plantation du mai.

3. Michel Desgagnés, *Les goélettes de Charlevoix* (1977):26.

4. *Le Journal de Québec*, 31 juil. 1852.

5. *Almanach de Québec*, 1796.

6. Félix Gatien et autres, *Histoire du Cap-Santé* (1955): 120.

7. J. Long, *Voyages chez différentes nations sauvages de l'Amérique septentrionale* (1794): 72.

8. Ce qui fera dire d'ailleurs à J.-C. Taché en 1856: « On emploie dans l'exploitation des bois du Canada tout juste l'intelligence qu'il faut pour écarrir les plançons et scier les madriers du commerce... On ne connaît que deux choses, pour ainsi parler, le « bois carré » (nom populaire du bois équarri) et le madrier de trois pouces. » Voir *Le Canada et l'exposition universelle de 1855*: 301.

9. Richard Gauthier et Normand Martin, *Moyens de communication: les routes, les chemins, les rivières et les ponts* (1979): 8. Société Radio-Canada, Présence du passé, cahier No 19.

10. L.-A. Robidoux, *Les «cageux»* (1974): 55.

11. Jean Hamelin et Yves Roby, *Histoire économique du Québec, 1851-1896* (1971): 102.

12. Hector Berthelot, *Le bon vieux temps* (1924): 84.

13. Jacques Duhaime, *Les habitants de l'Isle (Sainte-Angèle-de-Laval)* (1970): 95.

14. J.-E. Roy, *Histoire de la seigneurie de Lauzon*, 5 (1904): 367-370. À noter que pour les traversiers de la région de Québec, les chevaux, au lieu de tourner autour d'un grand poteau vertical pour actionner les roues, marchent sur un tapis roulant.

15. L.-A. Martel, *Notes sur le Saguenay*, (1968): 33.

16. Jean Hamelin et Yves Roby, *Histoire économique du Québec, 1851-1896* (1971): 107.

17. Prosper Cloutier, *Histoire de la paroisse de Champlain*, 1 (1915): 443. L'appellation de « béguine » viendrait peut-être du fait que ces personnages s'apparentaient à des religieuses. On nomme ainsi les religieuses postulantes en Belgique et aux Pays-Bas.

Les métiers ambulants

1. P.-J.-O. Chauveau, *Charles Guérin. Roman de moeurs canadiennes* (1852): 147.

2. Louis Fréchette, *Mémoires intimes* (1961): 66.

3. Auguste Béchard, *Histoire de la paroisse de Saint-Augustin (Portneuf)* (1885): 160.

4. Louis Fréchette, *Ibid.*,

5. André Vachon, *Histoire du notariat canadien, 1621-1960*, (1962): 118-132.

6. L.-A. Martel, *Notes sur le Saguenay* (1968): 34.

7. *Le Glaneur*, mars 1837.

8. F.-X. Chouinard, « Le vieux Québec », *Concorde*, 5 (juin-juil. 1954): 17.

9. *Le Canadien*, 26 sept. 1807.

10. *Ibid.*

Index

A

B

C

D

G

H

I

P

Q

R

T

U

V

W

XYZ

Source des illustrations

ACN	Archives du Canadien National
ANQ	Archives nationales du Québec
APC	Archives publiques du Canada
EOQ	Éditeur officiel du Québec
IBC	Inventaire des Biens culturels du Québec
MAPAQ	Ministère de l'Agriculture, des Pêcheries et de l'Alimentation du Québec
MERQ	Ministère de l'Énergie et des Ressources du Québec
MLCP	Ministère du Loisir, de la Chasse et de la Pêche du Québec
MQ	Musée du Québec
MTLB	Metropolitan Toronto Library Board
OA	Ontario Archives
OFQ	Office du Film du Québec
WCM	Wisers Canadiana Museum, Montréal

15, MLCP; 19, MLCP; 25, MLCP; 29, IBC; 31, MQ; 32-33, IBC; 35, MLCP; 36, IBC, fonds Gariépy; 39, ANQ; 42-43, APC; 45, IBC; 47, IBC; 50-51, MAPAQ; 52, IBC, fonds Gariépy; 54, EOQ; 55, EOQ; 55, MAPAQ; 56, MLCP; 58-59, MLCP; 61, APC; 63, MLCP; 66-67, ANQ, collection initiale; 69, WCM; 74, IBC, fonds Gariépy; 79, OFQ; 82-83, MAPAQ; 84, MERQ; 88, IBC; 88-89, IBC; 93, MLCP; 94, collection de l'auteur; 97, *Almanach Rolland*, 1927; 99, ANQ; 101, *Le mérite agricole*, 1913; 108, collection Paul-Louis Martin; 109, MQ; 112-113, ANQ, fonds Gariépy; 115, collection de l'auteur; 116, APC; 119, MQ; 121, EOQ; 123, ACN; 126-127, EOQ; 135, MLCP; 137, EOQ; 140-141, ANQ, fonds J.-C. Magnan; 142, collection de l'auteur; 143, MTLB, Canadian Illustrated News; 146, collection de l'auteur; 148-149, APC; 150, F. Baudry et A. Jourdier, *Catéchisme d'agriculture* (1868); 151, Baudry et Jourdier; 152, Baudry et Jourdier; 153, Baudry et Jourdier; 154, *Journal d'agriculture illustré*; 157, Germain Beaulieu et Georges Maheux, *Les insectes nuisibles de la province de Québec* (1929); 159, Baudry et Jourdier; 161, Horace Miner, *St. Denis, A French-Canadian parish* (1939); 164, ANQ; 166-167, collection Pierre Lahoud; 174, collection de l'auteur; 175, collection Paul-Louis Martin; 177, IBC, Bureau-Lahoud; 179, EOQ; 179, MLCP; 183, MLCP; 188, MTLB, *Canadian Illustrated News*; 189, MTLB, *Canadian Illustrated News*; 190-191, MQ; 193, IBC, fonds Gariépy; 195, OA, MacNamara Collection; 197, ANQ; 199, IBC; 208, EOQ.

Table des matières

Dans la même collection

1. P.-L. Martin, *La berçante québécoise*
2. P. Carpentier, *La raquette à neige*
3. R. Bouchard, *Les armes de traite*
4. J.-P. Hardy, *Le forgeron et le ferblantier*
5. J. Provencher et J. Blanchet,
   C'était le printemps — La vie rurale traditionnelle dans la vallée du Saint-Laurent
6. Y. Fortier, *Menuisier charpentier — Un artisan du bois à l'ère industrielle*
7. M.-A. Bluteau, J.-P. Charland, M. Thivierge et N. Thivierge,
   Les cordonniers, artisans du cuir
8. P.-L. Martin, *Histoire de la chasse au Québec*

Achevé d'imprimer
le 25 mars 1987
par les travailleurs
des ateliers Marquis Ltée
à Montmagny
pour le compte
des Éditions
du Boréal Express